Der schlimmste TAG aller Zeiten

UND WIE DANN DOCH alles gut wurde

Karla

INHALT

Mick

Tim

Justus

Lea

Marie

Mischa

paul

Tarek

Maja

Pepe

Name: Karla
Alter: 9 Jahre
Hobby: Lesen

Der schlimmste Sonntag aller Zeiten

„**Wie lange dauert's denn noch?**", hab ich heute Morgen gefragt, als wir zum Picknick loswollten.

Ich liebe Picknick!

„**Gleich**", hat Mama gesagt, während sie Milan gewickelt hat. Milan ist mein kleiner Bruder.

Er ist acht Monate alt und hat genau acht **Sommersprossen** auf der Nase. **Von wegen gleich!** Mama ist wie ein aufgescheuchtes Huhn in der Wohnung herumgerannt und hat tausend Sachen für Milan zusammengesucht.

Finn, Tobias und **ich** mussten ihr dabei helfen. Das war wie an Ostern, aber längst nicht so lustig.

Finn,
12 Jahre,
Fußballfan

Ich,
9 Jahre,
Leseratte

Tobias,
14 Jahre, Muckis

Endlich hatten wir alles gepackt und Papa hat Milan in die Babyschale gelegt. Da hat mein kleiner Bruder seine Nase gekräuselt und musste zweimal niesen. **„Mein armer Schatz!"** Sofort hat Mama **Milan** auf den Arm genommen und Papa hat die Baby-Stirn befühlt. „Ich glaube, er kriegt Fieber. Tut mir leid, Kinder, **wir müssen das Picknick verschieben.**"

Bis dahin war ich die Ruhe in Person. **wirklich!**

Aber jetzt ...

NEIN!!! **KREISCH!!** Ober-kacke! **BRÜLL!**

Ich will PICKNICKEN!

Ich hab mich auf den Boden geworfen und mit meinen Fäusten und Füßen getrommelt. **Ich war sooo**

W Ü T E N D !

Alle haben sich über mich gebeugt.

„**Hör auf!**", hat Papa gezischt. „**Sofort!**", hat Mama gesagt.

Finn und Tobias haben mich an den Armen gepackt und mich hochgezerrt. Aber ich konnte nicht gleich aufhören.

 **Vulkane tun das schließlich auch nicht.**

Mama sind die Tränen übers Gesicht gekullert.

So kann das nicht weitergehen. Du kannst nicht **DAUERND** ausrasten, Karla.

DAUERND stimmt überhaupt nicht! Es ist nur ein paar Mal passiert.

Papa hat Mama **getröstet** und die beiden sind mit Milan im Kinderzimmer verschwunden.

„Das hast du ja wieder toll hingekriegt", hat Tobias zu mir gesagt. Und Finn hat mit dem Kopf geschüttelt.

„Du bist sowas von BLÖD!"

Plötzlich ist meine Wut wie Eis in der Sonne geschmolzen und ich hätte mich am liebsten **irgendwohin verkrümelt.**

Aber dann kam Papa zurück. Zum Glück war er nicht mehr sauer. „Komm", hat er zu mir gesagt. **„Wir gehen kurz raus und reden."** Mit zwei Broten aus dem Picknickkorb sind wir losgezogen.

Draußen haben die Vögel gezwitschert. Im Park haben wir uns auf eine Bank gesetzt und Papa hat zu mir gesagt: „Dir geht es in letzter Zeit nicht so gut, oder, Karla? **Was macht dich denn so wütend?"**

Gute Frage! Plötzlich fiel mir ein Rätselheft ein. Da gibt es doch immer diese Vorher-Nachher-Bilder und man muss die Fehler entdecken.

vor 2 Jahren

seit 8 Monaten

Der beste ~~schlimmste~~ **Samstag aller Zeiten**

Ich hab Papa auch noch von dem **Vulkan** erzählt und dass es eben dauert, bis der zu Ende **Lava gespuckt** hat.

Da geht man lieber nicht so nah ran.

Papa hat genickt. „Alles klar. Jetzt verstehe ich dich. Tut mir leid, dass wir nicht mehr so viel Zeit für dich haben, seit **Milan** auf der Welt ist."

„Ja, das ist voll blöd!", hab ich gesagt. „Auch wenn ich Milan eigentlich total liebhabe."

Dann hat mein Magen geknurrt und ich hab mein Brot ruckzuck aufgegessen. **Als ich das Papier in hohem Bogen in den Mülleimer geworfen habe, hat Papa plötzlich gestrahlt.**

„Ich weiß was!"

Er wollte mir das Geheimnis erst zu Hause verraten.
Dort hat er mir meinen Papierkorb gebracht.
„Das ist jetzt dein **Wut-Eimer**. Da kannst du alles
reinbrüllen, wenn dein Vulkan mal wieder ausbricht."

Das musste ich natürlich sofort ausprobieren,
obwohl ich gar nicht wütend war.

Sofort kamen Finn und Tobias angerannt.

Ich hab gegrinst und da haben sie erst **kapiert**,
dass es nur ein **Spiel** war.

Aber es wurde allerhöchste
Zeit, dass ich mal eine Sache
klarstellte.

„Wenn ihr mich noch mal an den Armen packt
und hochzerrt, könnt ihr was erleben!
Ihr lasst mich gefälligst in Ruhe."

Die Botschaft haben
meine Brüder tatsächlich
kapiert.

Später sind wir alle ganz leise rein zu Milan ins Kinderzimmer. Er lag in seinem Bettchen und hat fröhlich mit seinen kleinen Beinen **gestrampelt**.

„Es geht ihm gut", hat Mama erzählt. **„Er hat kein Fieber."** „Wie schön!", hat Papa gesagt.

„Dann können wir ja heute doch noch picknicken."

Ganz tief in meinem Herzen hab ich megalaut **gejubelt**.

Juhuuu!

HURRA!

Kreisch!

PICKNICK!!!

Dann hat Mama mir durch die Haare gewuschelt.
„Willst du **Milan** im Auto was vorlesen? Du kannst doch
schon so **toll lesen**."
„Klar", hab ich gesagt und das **Buch vom Clown** geholt.
Ich hab vorgelesen, was drin stand.

und ich hab lauter neue tolle Sachen dazu erfunden!

Es war einmal ein Clown, der hatte genau acht Sommersprossen und hieß **Milan**.

Name: Mick
Alter: 9 Jahre
Hobby: Fußball

Volle Kraft voraus!

· · · · · · · · · · · · · · · · Sonntag · · · · · · · · · · · · · ·

WELT-NEUHEIT!

✗ Das ist der allererste Tagebucheintrag in meinem Leben!

Stillsitzen und Schreiben finde ich nämlich doof. Aber heute ist mal wieder so ein Abend, an dem ich nicht schlafen kann. Und statt wach im Bett zu liegen und die **Decke anzustarren**, hab ich mir eben mein **neues Tagebuch** geschnappt.

Tante Amalia und Onkel Uli waren heute da und haben es mir geschenkt. **GÄHN!** Wieso sind Verwandtenbesuche eigentlich immer so

LANGWEILIG?

Das Kuchenessen war **kaum zu ertragen,** da musste ich einfach mit dem Stuhl wippen. Aber das hat mir Papa sofort **verboten.**

Später hab ich aus **purer Langeweile** kleine Stückchen von meiner Serviette abgerissen und Kugeln draus geformt. Ganz ehrlich: Ich habe die Kügelchen OHNE BÖSE ABSICHT über den Tisch geschnipst! Dummerweise ist eins dann auf **Onkel Ulis Glatze** gelandet.

Oha, wenn Blicke töten könnten!

Mama hat schon Luft geholt, um mir die Meinung zu sagen. Aber Tante Amalia kam ihr zuvor. Sie hat mich ganz mitleidig angeschaut und mich ausgefragt: ob ich mich oft zappelig fühle, ob ich manchmal Dinge vergesse oder verliere, ob ich in der Schule **häufig Ärger** bekomme, schlecht schlafe und so weiter.

Soll das ein Verhör sein?

Tante Amalia ist Kinderärztin, und ihre Fragen haben mich ganz nervös gemacht.

Denkt sie etwa, dass bei mir ein paar Schrauben locker sind?

Fühle mich eigentlich **ganz normal!** Klar bin ich oft unruhig, und mir passieren auch viele Missgeschicke.

Aber was soll's?

· · · · · · · · · · · · · · · **Donnerstag** · · · · · · · · · · · · · · ·

Das Leben ist sooo ungerecht! Heute in der Schulpause habe ich gesehen, wie sich der Hausmeister mit einem langen Wasserschlauch abgemüht hat. Er wollte damit die Wiese neben dem Sportplatz wässern, aber der Schlauch ist ständig irgendwo hängen geblieben. Also hab ich mit angepackt und kräftig am Schlauch gezogen. Da löste sich plötzlich ein ***-Verbindungsstück.
Der Schlauch ging in der Mitte auseinander, und ein eiskalter Wasserstrahl ergoss sich über den Hausmeister.
So ein Mist!

warum passiert so was immer mir?

Nach der Pause musste ich zum Direx, der mir **aufgezählt** hat, was bei mir in den letzten Wochen sonst noch **schiefgelaufen** ist.

Mann, nach dem Gespräch war ich vielleicht fertig. Ich gebe wirklich immer mein Bestes. **Aber irgendwie geht trotzdem ständig was daneben.**

· · · · · · · · · · · · · · · Montag · · · · · · · · · · ·

Mama hat mich beim Fußballverein angemeldet!

Juhu! Das habe ich mir schon ewig gewünscht!

Mein erstes Training ist übermorgen. Ich bin so gespannt! Hoffentlich spielen die anderen nicht schon viel besser als ich.

Vor lauter Aufregung kann ich mal wieder nicht einschlafen. Aber Tagebuchschreiben wirkt echt beruhigend.

Hätt ich nicht gedacht!

Gestern Abend hat **Papa** sich noch an mein Bett gesetzt und mir ein paar Fußballgeschichten erzählt. Dabei sind mir irgendwann **die Augen zugefallen!**

Papa ist der perfekte Sandmann!

Nochmal unfassbar: Heute bin ich mit dem **Roller** zur Schule gefahren! Mama ist auf dem Rad mitgekommen. Sie meinte, sie wolle sich auch mehr bewegen. Das Rollerfahren hat mir tausendmal mehr Spaß gemacht, als mich morgens in den überfüllten Bus zu quetschen. **Ab jetzt nehme ich immer den Roller, auch wenn es regnet.** Heute Mittag durfte ich sogar ganz allein heimrollern!

Mein erstes Fußballtraining!

Es war sooo stark!

Aber auch **anstrengend**. Zuerst haben wir uns aufgewärmt und **Ballübungen** gemacht.

Dann haben wir **zwei Teams** gebildet und gegeneinander gespielt. Fünf gegen fünf. Okay, ein paarmal habe ich den Ball nicht rechtzeitig abgegeben, und einmal hätte ich fast **Leo umgerannt**. Aber niemand ist sauer geworden und Lutz, der Trainer, hat mir ganz ruhig alle Regeln erklärt. Ich hab mir fest vorgenommen, mich zumindest an diese Regeln immer zu halten. Das Training hat nämlich

riesig Spaß gemacht!!!

19

Seit dem **Vorfall mit dem Hausmeister** ist mir in der Schule kein einziges Missgeschick mehr passiert! Schon zehn Tage lang!

Der HAMMER!

Und seit ich jede Woche **zweimal** Fußball spiele und mit dem Roller zur Schule fahre, bin ich auch **ruhiger** geworden.

Unter uns: Das habe ich bestimmt **Tante Amalia** zu verdanken. Ich glaub, sie hat meinen Eltern klargemacht, dass ich **mehr Sport** treiben soll und dass sie sich **mehr Zeit für mich** nehmen sollen!

Habe ich jemals was gegen meine Tante gesagt?

Ich bin so happy!

Mein erstes Auswärtsspiel haben wir 3:2 gewonnen.
Ich hab sogar ein Tor geschossen! Morgen kommen
Tante Amalia und Onkel Uli mal wieder zu Besuch. Ich
weiß schon, was ich mache, wenn mir langweilig wird:

im Garten auf die Torwand zielen, die Papa mir gestern aufgestellt hat.

Yeah!

Name: Tim
Alter: 10 Jahre
Hobby: Skateboard

Ein rabenschwarzer Samstag

„klopf, klopf, klopf!",

hat es vor einem Monat an meiner Tür gemacht. Meine kleine Schwester wollte zu mir rein. Und obwohl Millie noch mit **Puppen** spielt, fand ich das ausnahmsweise gut.

Meine Schwester Millie

erst 7

peinliche Schmetterlings-Ohrringe

Puppe Pia

Millie ist zu mir aufs Bett gehüpft und wir haben die Musik **voll aufgedreht**, weil es im Wohnzimmer mal wieder so laut war. Dann haben wir unser Familien-album angeschaut.

Manche Seiten haben schon Eselsohren, so oft haben wir sie umgeblättert.

„Wir sind die tollste Familie überhaupt!", hat Millie zu mir gesagt. Ich hab nur leicht genickt. „Hm ... ja, irgendwie schon."

Vor zwei Jahren war das wirklich so. Bis sich diese fiese, schwarze Wolke über unserem Haus zusammengebraut hat. Am Anfang war sie noch klein und harmlos. Dann wurde sie immer größer und größer ...

Aber so schlimm wie an diesem Tag vor einem Monat haben sich Mama und Papa noch nie gestritten. Irgendwann hab ich die Musik ausgemacht. Millie hat Pia ganz doll an sich gedrückt und ich hab mir **die Ohren zugehalten**.

Plötzlich war drüben STILLE.

Total unheimlich.

Dann haben Mama und Papa endlos gemurmelt. Wieder STILLE, bis die Tür aufging und sie zu uns rüberkamen.

„Wir würden gerne mit euch reden", hat Mama gesagt. „Kommt ihr bitte mit ins Wohnzimmer?", hat Papa gefragt. Millie und ich haben uns erschrocken angesehen.

Das klang gar nicht gut!

Wir wollen uns nicht mehr dauernd streiten.

Deshalb trennen wir uns.

Es geht wirklich nicht mehr.

Ich werde ausziehen.

Es tut uns schrecklich leid.

Ich war GESCHOCKT. Vor mir hat sich ein schwarzer Tunnel aufgetan und ich bin mit Vollgas reingerauscht.

Der schwarze Tunnel war SOOOOO **lang!**

Als ich am anderen Ende wieder rauskam, bin ich **AUSGERASTET!**

„NEIN! Das geht nicht!", hab ich gebrüllt.

„Das könnt ihr nicht machen! Wir sind eine Familie, wir gehören zusammen!"

Und dann hab ich ein **paar** Sachen getan, die man eigentlich nicht tun sollte.

Als ich kurz verschnaufen musste, ist mir aufgefallen, dass Millie sich null aufgeregt hat.

Sie saß auf dem Sofa und war so STILL. Wo sie doch sonst von früh bis spät plappert und lacht. Ich fand das noch schlimmer, als wenn sie auch rumgebrüllt hätte. **Da hab ich es nicht mehr ausgehalten und bin in mein Zimmer gerannt.**

Ein (fast) komplett schrecklicher Montag

Mama und Papa wollten schon am Sonntag wieder mit uns reden. Über

„DIE NEUE SITUATION"

Am **Montag** haben wir uns dann doch noch mal zusammengesetzt und sie haben uns getröstet.

Aber wir nicht mit ihnen.

> Wir bleiben Mama und Papa für euch.

> Ihr könnt euch auf uns verlassen.

> Wir sind immer für euch da.

> Ihr könnt wirklich nichts dafür.

> Wir haben euch lieb.

> Wir schaffen das.

PLÖTZLICH IST MIR WAS EINGEFALLEN:

„Ihr könnt es doch noch mal miteinander versuchen! Klar habt ihr beide eure Macken, aber ansonsten seid ihr doch echt nett."

Endlich hat **Millie** auch was gesagt, ganz leise:

„Wir räumen auch immer unsere Zimmer auf, versprochen."

Mama und Papa waren sehr niedergeschlagen und haben den Kopf geschüttelt. Sie haben sich entschieden und sie bleiben dabei. Da hab ich aufgehört, dagegen anzukämpfen.

Und war einfach nur noch traurig.

Mir war klar, dass sich jetzt **krass viel** ändern würde.
Papa hat nämlich einen neuen Job in der Nachbarstadt.
Er hat dann echt schnell seine **Koffer** gepackt.
Das war vielleicht komisch. Für uns alle, glaube ich.
Es war ganz still bei uns zu Hause. **Richtig gespenstisch.**

„Schaut mal", hat Mama
ein paar Tage später gesagt.
„Wir können das so machen."
Und Papa hat uns einen
Plan gezeigt.

„Ich will Papa nicht besuchen", hat Millie gemurmelt.
„Ich will, dass wir alle hier wohnen."
Da hat Papa sie in den Arm genommen. „Das geht leider
nicht, Spatz. Aber in meiner neuen Wohnung habt ihr auch
jeder ein Zimmer.
Ihr dürft euch die Möbel dafür aussuchen."

„Wann denn?", hab ich gefragt, weil Papa eigentlich
nie mitkommt zum Einkaufen.
Papa hat **GELÄCHELT**. **„Wenn ihr wollt, jetzt gleich."**

Ich muss jetzt mal einen **Zeitsprung** machen, weil in den letzten drei Monaten, seit Papa ausgezogen ist, so megaviel passiert ist. **Manchmal drehe ich immer noch total am Rad**, weil Mama und Papa sich getrennt haben.

Gestern zum Beispiel war es wieder besonders schlimm.

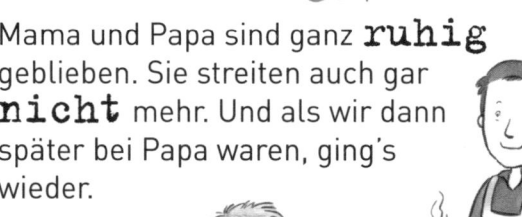

Mama und Papa sind ganz **ruhig** geblieben. Sie streiten auch gar **nicht** mehr. Und als wir dann später bei Papa waren, ging's wieder.

PAPA HAT SICH AUCH ECHT ANGESTRENGT!

Nach dem Essen hat Papa mir bei den **Mathe-hausaufgaben** geholfen. Danach haben wir in meinem coolen neuen Zimmer zu dritt ein Puzzle gemacht. **PAPA HAT JETZT VOLL VIEL ZEIT FÜR UNS,** wenn wir bei ihm sind. Viel mehr als früher.

Ein ziemlich entspannter Montag

Nach dem **PAPA-WOCHENENDE** hab ich mich wieder auf Mama gefreut und auf den **Montagabend**. Da besprechen wir jetzt nämlich immer, was wir in der Woche alles Schönes machen wollen.

Dann hat das **Telefon** geklingelt und ich bin am schnellsten hingerannt. Karola war dran. Sie hat gefragt, ob wir Lust hätten, morgen ins **Kino** zu gehen, zusammen mit Max und Sarah.

Max, 10 Jahre

Sarah, 6 Jahre

Mamas Freundin Karola

Die beiden haben auch gerade den großen Knall hinter sich. Karola und der Papa von Max und Sarah haben sich vor einem halben Jahr getrennt. Manchmal reden wir drüber.

Irgendwie tut das gut zu wissen, dass sie auch durch so einen schwarzen Tunnel gerauscht sind.

„Au ja!", hat Millie gesagt und **GELACHT**. Zum ersten Mal so richtig seit dem rabenschwarzen Samstag. **Und ich?**
Hab von einem Ohr zum andern gegrinst.

Name: Justus
Alter: 8 Jahre
Hobby: Hörspiele hören

Immer mit der RUHE

Heute ist ein **SUPER TAG!** Weil ich morgens so ein **komisches Bauchweh** hatte, durfte ich im **Bett** bleiben.

Juhu, keine Schule!

Zuerst waren Mama und Papa voll genervt. Beide mussten zur Arbeit und keiner wollte zu Hause bleiben. Ich hatte ein MEGASCHLECHTES GEWISSEN.

 Jetzt arbeitet Mama am Esstisch.

In meinem Zimmer ist es **soo gemütlich** und ich hab schon **drei** Hörspiele gehört. Da war das **Bauchweh** direkt wieder weg.

Oh Mann, ich will morgen wieder zu Hause bleiben!!!

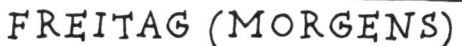

Was soll ich nur machen??? Heute Früh hatte ich schon **wieder Bauchweh** und mir war voll schlecht. Als Papa das gehört hat, ist er **voll ausgerastet.**

Deine Mutter und ich haben auch unsere Pflichten!

Kannst du dich nicht mal zusammen- reißen?

Bin ich etwa ein ROBOTER?

Jeden Morgen zur Schule, danach in die Betreuung und von dort zur Leichtathletik oder zum Karate oder zur Gitarrenstunde. Weil Mama und Papa finden, dass mich das „OPTIMAL FÖRDERT".

Da kann ich ja schlecht sagen, dass ich Leichtathletik und Gitarre gar nicht so toll finde.

Hilfe, ich kann nicht mehr!

Gerade hat Mama beim Kinderarzt angerufen und da fahren wir gleich hin.

Ergebnis der Untersuchung:
Ich bin

TOTAL GESUND!

Mama wollte **trotzdem** Medizin gegen Übelkeit und Bauchweh haben. Aber der Arzt hat uns nichts gegeben. Ehrlich gesagt hab ich fast gehofft, dass mir irgendwas fehlt.

Das wäre die PERFEKTE AUSREDE, um ab und zu mal zu Hause bleiben zu können.

 [Voll bescheuert – wer will schon freiwillig krank sein?]

SONNTAG

Gestern haben Mama und ich bei **Papas Marathon** zugeschaut. Leider war er nicht so schnell, wie er sich vorgenommen hatte. **Er hatte danach total schlechte** Laune.

Sind Wochenenden nicht zum Chillen da?

Heute früh musste ich gerade mit Mama für das nächste Diktat üben, als Flo angerufen hat. Aber **nö**, ich durfte **natürlich nicht** mit ihm raus.

Schule ist wichtiger, finden meine Eltern.

Nachmittags musste ich dann mit Papa **Mathe** lernen. Leider hab ich ein paarmal **Plus** und **Minus verwechselt**. Wie so ein Erstklässler. Aber mir schwirrte echt noch der Kopf vom **Diktatüben**. Bei so was wird Papa immer

krass wütend und schreit rum.

Na los, jetzt konzentrier dich doch mal!

Wie willst du denn so die 3. Klasse schaffen?

Später hab ich Mama gefragt, ob sie mir mal wieder was **vorliest**. Aber sie meinte, in meinem Alter muss man **SELBST LESEN**.

Kann ich nicht, noch mal klein sein?

MONTAG

Heute war der **TAG DES GRAUENS!**
Schlimmer geht's nicht mehr!! Bin echt AM ENDE!!!!!

Also, heute Morgen hatte ich wieder so komisches Bauchweh. **Und Ehrenwort, ich hab es nicht erfunden!** Mama und
Papa meinten, ich müsste trotzdem zur Schule. So schlimm
könnte es schon nicht sein.
Also hab ich mich ins Bad geschleppt.
Papa hat die ganze Zeit gedrängelt,
dass ich **schneller machen soll.** Er
bringt mich auf dem Weg zur Arbeit
nämlich immer zur Schule.

> **Justus, jetzt mach doch endlich!**

> **Na los, geht das nicht schneller?**

Im Auto musste ich total weinen.

Aber Papa hat nur rumgebrüllt.

> Ich bin doch nicht taub!

Und wer war der erste Mensch, dem ich dann
VÖLLIG VERHEULT noch vor dem Schultor begegnet bin?

Frau Leopold, meiner Klassenlehrerin!

Voll peinlich!

Sie hat mich gefragt, was los ist. Da musste
ich gleich **wieder heulen!** Frau Leopold dachte,
ich hab **Angst** vor dem Diktat.

> Na komm schon, Justus –
> du schaffst das!

Was sollte ich sagen? Dass ich selbst nicht weiß,
warum ich mich so besch*** fühle?

Schließlich hab ich mich wieder eingekriegt. Das Diktat war gar nicht so schwer.

Aber noch so einen Morgen mit Heulen und Schreien pack ich nicht!!!!!

DIENSTAG

Heute haben wir in Deutsch wir das Diktat zurückbekommen.
Uff, nur zwei Minifehler!

Und dann die **RIESENÜBERRASCHUNG:**
Papa ist früher als sonst zum Abholen gekommen und ist mit mir zusammen zu Frau Leopold gegangen! Bestimmt wegen der Heulerei von gestern.
In meinem Bauch hat es ganz schön gegrummelt!
Frau Leopold hat Papa als Erstes gefragt, ob er mit meinem Diktat zufrieden ist.

UND?!?

Er meinte, dass er es nicht schlecht findet –
aber dass ich es **BESSER** gekonnt hätte.

《SCHOCK》 für Papa: Frau Leopold meinte, genau das sei das Problem:
„Justus ist ein super Schüler, aber Sie machen ihm unnötig Druck."

Ha! Das hört man gerne!

Dann hat sie sich nach meinen Hobbys erkundigt und Papa gesagt, dass ich weniger haben sollte.

Sensation! Ich hab unter der Woche mal **Zeit, ins Tagebuch** zu schreiben! Papa, Mama und ich haben nämlich beschlossen, dass ich mit Gitarre und Leichtathletik **aufhören** darf und nur **Karate** weitermache.

DAS IST SO COOL!

Jetzt kann ich nach der **Betreuung** mal in Ruhe ein **Hörspiel** hören oder mit Flo und den anderen **draußen spielen**.

Das Wochenende war auch super:

Kein Üben für die Schule $+$ mehr freie Zeit $=$ kein Streit mit Papa!

 Mathe kann ich!

Danke, Frau Leopold!

Papa bringt mich jetzt übrigens immer ZU FUSS zur Schule! Er fährt später zur Arbeit, damit wir **nicht so HETZEN** müssen. **Bauchweh** hab ich auch nicht mehr gehabt.

Und bald darf ich sogar alleine mit FLO gehen. **Das wird noch cooler.**

Und Mama *liest* mir abends meistens doch wieder vor. Manchmal les ich aber auch selbst oder wir verteilen Rollen, **das macht uns beiden Spaß.**

DONNERSTAG

Heute haben wir Mathe zurückbekommen. Ich hab zwar die drittbeste Arbeit geschrieben, aber **FÜNF FEHLER** – Mist!

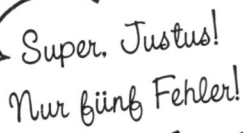

Super, Justus! Nur fünf Fehler!

 Zum Glück sind Mama und Papa

 **WIE WEICHGESPÜLT!!!**

Mann, bin ich froh!
Ohne Druck geht alles viel leichter!

UPS, ich muss los! Treff mich gleich mit Flo!

Name: Lea
Alter: 10 Jahre
Hobby: Gitarre spielen

NILPFERD mit GITARRE

Schon wieder Dienstag, leider

„Äh … Entschuldigung!", hab ich am Ende der Deutschstunde gesagt. **Dreimal** hat Frau Moser **nicht gemerkt**, dass ich mich gemeldet hatte.

Als ob ich unsichtbar wäre.

Fiona passiert so was nie.

Obwohl die viel dünner ist als ich,

Fiona, schon 11

und so unmusikalisch wie ein Regenschirm

„Ja, Lea?", hat Frau Moser endlich gesagt.
Ich habe me**inen** Bauch gerieben und gestöhnt.
**„Mir ist schlecht. Ich glaube,
ich kann heute nicht turnen."**

Das war nicht mal gelogen. Allein schon
beim Wort Turnen kriege ich Bauchweh.
In letzter Zeit gucken mich nämlich alle in
der Umkleide so komisch an. Und Jonas hat
mich neulich in der Halle gefragt: „Ist dein
T-Shirt eingelaufen?"

„**Hahaha!**", haben die anderen gelacht.

Jetzt haben schon wieder alle um mich herum getuschelt.

Tonne hat keine Lust auf Sport!

Lea kugelt lieber auf dem Sofa rum.

Fress- maschine!

Nilpferd!

Und Fiona hat fies gekichert!

Aber der Dienstag war noch **nicht zu Ende**.
Frau Moser hat mich voll **blöd angemosert**.
Sie gibt übrigens die zwei Fächer, die
ich am allerwenigsten leiden kann:

Deutsch und **Sport**.

Schließlich durfte ich dann doch
nach Hause gehen, weil Frau Moser
gemerkt hat, dass es mir wirklich
nicht gut ging.

Sport tut
immer gut, auch
bei Bauchweh.

Daheim war nicht
so viel los.

Pizza und Eis sind
im Gefrierfach.
Bis später, Schatz!
Mama ♡ ♡ ♡

Also hab ich es mir
**so richtig
schön
gemütlich**
gemacht.

EIS

KEKSE

SAFT

PIZZA

Dann hab ich schnell
Mathe-Hausaufgaben
gemacht.

$20 - 4 + 5 \cdot 2 = 26$

Kein Problem für mich. | FÜR FIONA WAHRSCHEINLICH SCHON.

Das **Schönste** hab ich mir zum Schluss aufgehoben: **Gitarre spielen!** Musik ist mega.

Aber heute hat sie mich voll traurig gemacht.

Plötzlich ist alles wieder da gewesen. **Tonne!** **NILPFERD!** **Fressmaschine!**

Dann kam **Mama** nach Hause. „**Warum weinst du, Lea? Was ist los?**"

„Gar nichts", hab ich gesagt. Sie soll sich wegen mir nicht auch noch **Sorgen** machen. Sie hat es schon schwer genug, seit **Papa nicht mehr bei uns wohnt**, und muss immer so viel arbeiten.

Mama hat sich zu mir aufs Sofa gesetzt. „Möchtest du es mir nicht doch sagen? Das geht doch schon seit zwei, drei Wochen so. **Erzähl mal!**"

Auf einmal ist in mir drin ein Knoten geplatzt.

Ich geh nie wieder zum Turnen!

Hilfe!

Die sind so gemein zu mir!

HEUL!

SOS!

Schwief!

Endlich war alles raus! Und Mama war so lieb zu mir. Sie hat mich in den Arm genommen und getröstet. **Und dann hatte sie eine Idee.**

45

Donnerstag, zwei Tage später

„Gut, dass deine **Mama** mich
gleich angerufen hat",
hat Herr Wild heute zu mir gesagt.

Herr Wild, Vertrauenslehrer,
ist richtig nett

Heute bin ich das **erste Mal** bei ihm gewesen.
Wegen **Fiona**. **Die hat mir gestern ein T-Shirt
von ihrem Papa mitgebracht.**

„Schenk ich dir.
Passt dir bestimmt
super."

Ich war so platt, dass ich mal wieder **kein Wort** rausgebracht habe. Später dann schon. Herr Wild hat **mir zugehört.** **Das hat voll gut getan.**

➡️ Danach hat er mit Fiona geredet und auch mit den anderen aus meiner Klasse.

Keine Ahnung, was er zu denen gesagt oder was er genau gemacht hat.

Jedenfalls haben sie mich heute **in Ruhe** gelassen. Wie **rohe Eier** haben sie mich behandelt oder wie eine **Vase aus Glas**, die man nicht runterwerfen darf. **Das war schon irgendwie komisch.**

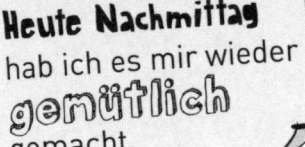

Heute Nachmittag hab ich es mir wieder *gemütlich* gemacht.

Mama und ich versuchen jetzt, uns ein bisschen gesünder zu ernähren!

Und ganz lange Gitarre gespielt. Ich hab Mama gar nicht gehört, als sie reinkam. Sie war früher da als sonst. Wir haben **zusammen ein Spiel** gemacht:

Mama hat so getan, als wäre sie Fiona oder Jonas.

NILPFERD!

Tonne!

Giraffe!

Hab dich auch lieb, Süße!

Fiona

Trampel, trampel, stampf!

Dein Stuhl kracht zusammen!

Du Babysprache?

Hast du da vorher drauf gesessen?

Jonas

Dienstag, kurz vor dem Turnen

Gerade eben hatte **Marie** mich gefragt: „**Ist dir wieder schlecht, Lea?**" Sie hat **gekichert** und **Jonas** hat **gegrinst. Das hat mich voll wütend gemacht. Mir ist keine coole Antwort eingefallen.** Aber dafür das hier:

Ätsch! Reingefallen!

Gesagt hab ich das alles nicht. Aber ich hab **mir vorgestellt**, dass ich **20** bin und mit **meiner Gitarre** auf die **Bühne** laufe.

Dann bin ich an **Marie, Jonas** und all den anderen ganz gechillt vorbeispaziert und war **als Erste** bei der Turnhalle.

Name: Marie
Alter: 8 Jahre
Hobby: Basteln

KRACH
muss ~~nicht~~ sein

○○○○○○○ **Dienstag** ○○○○○○○○○○

Liebes Tagebuch!

Ich könnte alles KURZ UND KLEIN schlagen!!!

Warum hab ich nicht so eine *süße Schwester* wie Lotta von nebenan? Sondern einen **kleinen Bruder**, der IMMER!!! genau dann ins Zimmer platzt, wenn er am meisten **stört???**

Heute Nachmittag war alles soo schön friedlich. Ich hab getrocknete Blumen auf dem Boden ausgebreitet und wollte daraus ein Bild für Oma Marlies kleben.

 ABER DANN: **RUMMS!**
SCHEPPER!

Tür auf und **wer** schneit herein?

50

Lasse, die SCHLIMMSTE NERVENSÄGE aller Zeiten! Natürlich mit total **verdreckten Turnschuhen!**

Hilfe! Katastrophen-Alarm!!!

Oh, cool! Was machst du da?

STOOOP!

Bleib stehen!!

Aber klar, mein Bruder hat einen Bremsweg wie eine DAMPFWALZE!

Natürlich hat er meine schönen Blüten zu BREI getrampelt.

...um nur macht dieser ...LIDIOT ständig meine Sachen kaputt? ...irlich hab ich geheult wie eine SIRENE!

Vor Mama hat Lasse dann total UNSCHULDIG geguckt.

Wie immer.

So ein Schleimer!

Der da hat meine Blumen zertrampelt!

Mama: „Das hat Lasse doch sicher **nicht mit Absicht** gemacht! Schau mal, Marie – hier ist eine Blüte, die du noch verwenden kannst. Und hier noch eine."

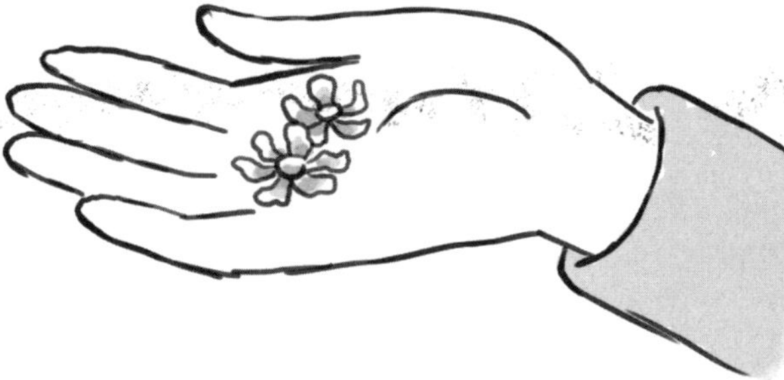

Hinter ihrem Rücken hat Lasse mich fies angegrinst. Und seine hingerotzte Entschuldigung hab ich ihm **KEIN BISSCHEN** abgenommen.

Aber Mama:

Na siehst du, er entschuldigt sich ja sogar.

'schuldigung!

Wenn ich einen **WUNSCH** frei hätte, würde ich **Lasse** auf den **MOND** schießen. Obwohl, **Afrika** oder der **Nordpol** wär auch schon okay.

Hauptsache, ganz weit weg!

Heute war **Paula** hier und wir haben gebastelt.

 **Das heißt:** Wir **WOLLTEN** basteln.

Doch dann kam DIE WANDELNDE KATASTROPHE schon wieder in mein Zimmer.

Lasse: „Kann ich mitmachen?"

Ich: **„NEIN!"**

Er: „MAAAMAAAA! Marie lässt mich nicht mitmachen!"

Statt Mama kam diesmal Papa: **„Ach komm, Marie! Er kann doch mit euch basteln."**

Lasse mit typischem **Unschuldsblick**: „Ich stör euch auch nicht!"

Und was war? Er hat die ganze Zeit unsere **Sachen** weggenommen, den Tisch mit **Kleber** vollgeschmiert und meinen **Goldglitzer** „aus Versehen" auf den Boden gekippt.

Ich glaube, Paula war froh, als ihre Mama sie abgeholt hat.

 **ICH HASSE LASSE!!!!!!!!!!**

Heute hab ich einen **RIESENÄRGER** bekommen.

Natürlich wegen meinem Bruderherz!

Beim Mittagessen hat Lasse mal wieder wie ein VIELFRASS Fischstäbchen in sich reingestopft. Ich glaube, er hat **ACHT** gegessen und Mama und ich haben nur **EINS** abbekommen.

Boah, wie kann man nur so GIERIG sein?

Während ich das **LOCH** in meinem Bauch mit Kartoffelpüree gefüllt hab, hätt ich vor **WUT** fast FEUER gespuckt. **Mamas Gelaber war jedenfalls völlig umsonst!**

Bitte streitet nicht schon wieder!

Marie, du darfst dir dafür zuerst ein Eis nehmen!

Ich wollte aber kein Eis, ich wollte RACHE!!!

X Nach dem Essen bin ich sofort zu Lasses riesiger **Legoburg** gerannt und hab **MIT ALLER KRAFT** reingetreten.

Das tat soooo gut!

Allerdings nicht lange.

Hui, war Mama sauer

DAS DONNERWETTER war bestimmt kilometerweit zu hören!!!

Wegen des Streits hat eben unser Familienrat getagt.
Jeder durfte ganz in Ruhe sagen, was er sich von den anderen wünscht.

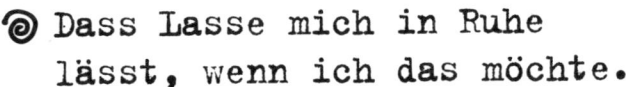

- Dass Lasse mich in Ruhe lässt, wenn ich das möchte.
- Dass Mama und Papa uns einfach mal streiten lassen.

> Dass ich Lasse am liebsten ins **ALL** beamen würde, hab ich nicht gesagt.

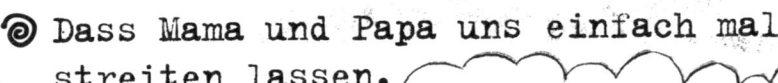

- Dass ich ihn nicht wie ein Baby behandle.
- Dass Mama und Papa sich nicht ständig einmischen.

> **Wow,** zumindest der zweite Wunsch ist ja genau wie meiner! **STAUN!!!**

Ach ja: Mama und Papa haben sich gewünscht, dass wir weniger streiten. **Wer hätte das gedacht?!?**

Regeln für Marie und Lasse

⭐ Jeden Tag vor dem Abendessen
ist eine halbe Stunde Streitzeit, in der
wir alles klären sollen.

⭐ Niemand darf die Sachen des anderen
kaputtmachen!

⭐ Kein Streit beim Essen und im Wohnzimmer! Wenn es Ärger gibt → in der
Streitzeit klären.

⭐ Mama und Papa mischen sich nicht ein!

Da bin ich ja mal gespannt!

Neue Erkenntnis:

Wut ist wie eine **GEWITTERWOLKE!**

Wenn Lasse nervt, könnte ich vor
Wut **AN DIE DECKE** gehen!

Aber brav wie ich bin ☺, heb ich
meinen Ärger für die Streitzeit auf.

Und jetzt kommt **der HAMMER**

**Bis dahin hat sich die
Wut oft VON SELBST gelegt!**

Meine Wut war genauso schnell
weg wie die Gewitterwolken
letzte Woche!

Kaum zu glauben:

! Heute wussten wir in der streitzeit schon zum zweiten Mal NICHT, worüber wir streiten sollten!

Deshalb haben Lasse und ich aus der **streitzeit** einfach eine **STREICHZEIT** gemacht, hihi ...

Bin schon gespannt, was Mama und Papa zur Seife in der Zahnpastatube sagen.

Manchmal ist LASSE gar nicht so übel!

Name: Mischa
Alter: 9 Jahre
Hobby: Computerspiele

Ich bin ANDERS – total normal

Donnerstag

Ich will Frau Müller zurück!!!

 Seit wir Frau Natter als Klassenlehrerin haben, ist es in der Schule **MEGA ÄTZEND!**

Hannes ist mein Schulbegleiter

Hannes findet das auch. Na ja, er sagt es nicht. Aber **unzufrieden** ist er, das spür ich genau.

Und mein **Zwillingsbruder Patrick** (in meiner Parallelklasse) hat auch schon gemerkt, dass ich nicht mehr gerne zur Schule gehe.

Wenn ich **Frau Natter** nur seh, krieg ich schon Herzrasen.

Heute hat sie mich mal wieder vor der GANZEN KLASSE bloßgestellt.

Na, Glückwunsch!

Das lief so: Beim Verteilen der Arbeitsblätter hat jeder ein Blatt mit Deutsch-Übungen bekommen.

 Schwarz-weiß mit Linien zum Ausfüllen.

Fast jeder. Denn für den BEHINDERTEN MISCHA hat sie ein **knallbuntes** Blatt mit Sach-Aufgaben rausgekramt. So gesagt hat sie das nicht. War aber auch so klar.

> Hier ist deine EXTRA-AUFGABE, Mischa!

Geht's noch **LAUTER?!** Bei **Frau Müller** sahen alle Blätter **gleich** aus, auch wenn ich manchmal andere Aufgaben bekommen hab.

Aber jetzt glotzen mich natürlich alle an und überlegen, welchen **DACHSCHADEN** ich wohl hab.

Dass ich **nicht gut hören** kann, wissen sowieso **alle**.

Klar, ich hab ja Hörgeräte!
und Hannes.

Ansonsten war ich aber bisher ein Schüler wie alle anderen. Dass bei mir das Lernen anders funktioniert und ich 'ne **Lese-Rechtschreib-Schwäche** hab, hat

keinen interessiert.

Mit Hannes' Hilfe komm ich ja super klar.

Oder besser: Ich **KAM** gut klar.
Seit Frau Natter da ist, gehör ich irgendwie nicht mehr richtig dazu.

Ich glaub, die anderen halten mich jetzt für BLÖD

Wer will schon mit einem **SCHWACHKOPF** spielen?

Morgen will Hannes mit Frau Natter über alles reden, und **ich soll dabei sein.**

Uah, wie soll ich das bloß überstehen?

Hannes ist echt cool!

Ganz ruhig hat er der Natter erklärt, dass **Patrick** und ich **Zwillinge** sind und dass ich bei der Geburt zu wenig Sauerstoff bekommen hab.

Sie, voll überrascht: „Waaas, Mischas Bruder geht in die Parallelklasse? Und er ist **GANZ NORMAL**?"

Hannes: „Was heißt schon NORMAL? Jeder Mensch ist anders, oder?"

Oha, da hat sie aber GROSSE AUGEN gemacht!

VOLLTREFFER!

Immerhin gibt sie sich jetzt Mühe, mich zu verstehen.

Nächste Woche soll Hannes eine ganze Schulstunde lang der Klasse erklären, wieso ich manchmal **andere Aufgaben** bekomme.

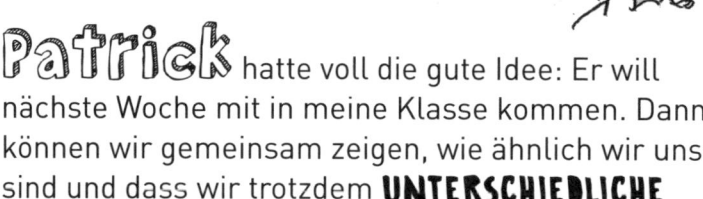

Sonntag

Patrick hatte voll die gute Idee: Er will nächste Woche mit in meine Klasse kommen. Dann können wir gemeinsam zeigen, wie ähnlich wir uns sind und dass wir trotzdem **UNTERSCHIEDLICHE STÄRKEN** haben.

Mein Bruderherz ist einfach COOL!

Montag

Es klappt: Hannes hat mit der Rektorin gesprochen. Patrick darf am Mittwoch mit mir in meine Klasse.

Jetzt müssen wir aber noch viel proben!

FREU!!!!!!

Voll spannend!

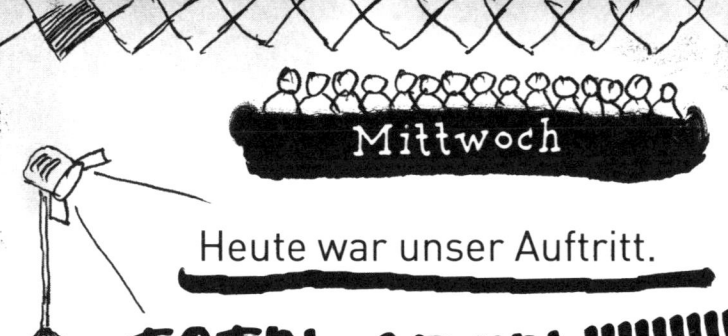

Mittwoch

Heute war unser Auftritt.

TOTAL GENIAL!!!!!!!!!!!!!!!!

Zuerst hat Hannes erklärt, warum ich **anders** lerne als die meisten Schüler. Dass mir zum Beispiel das **Lesen schwerfällt** und ich mir Sachen besser merken kann, wenn ich sie **sehe** oder **anfasse**.

(Ich hab von seinem Vortrag allerdings nicht viel mitbekommen, weil ich vorher meine **Hörgeräte** rausgenommen hab. **Aber egal, ich wusste ja, was er sagt.**)

Dann waren wir an der Reihe. MANN, war ich aufgeregt! Patrick und ich hatten die **gleichen Klamotten** an, und ohne Hörgerät können uns **nicht** mal unsere Eltern **unterscheiden**.

Wie beim Üben haben wir uns gegenüber hingestellt und immer die **gleichen** Bewegungen gemacht – zuerst Grimassen geschnitten, dann in die Luft geboxt und später so getan, als ob wir einen Ball hin und her kicken.

Patrick und ich sind die perfekten SPIEGELBILDER!

Danach waren Dinge dran, die wir nicht gleich gut können. **Patrick** hat mit seiner schönsten Schrift

Inklusion

an die Tafel geschrieben. **Hannes** hat den anderen dann erklärt: Das bedeutet, dass Menschen **mit** und **ohne** Behinderung gleichberechtigt zusammenleben.

Patrick hat dann noch geschrieben:

Was ist NORMAL?

Darunter hab ich ein paar Gesichter gemalt: **mich selbst** mit Hörgerät, **Frida** mit ihrer pinken Haarsträhne und **Vikram**, der aus Indien kommt und dunklere Haut hat. Die Bilder sahen cool aus, **malen fällt mir echt leicht**.

Als wir fertig waren, haben alle geklatscht.

Plötzlich hab ich wieder gespürt, dass die anderen **mich mögen** und ich doch **DAZUGEHÖRE**!

Patrick und ich sind rausgegangen, und im Gang habe ich meine **Hörgeräte** wieder eingesetzt.

Als wir wieder drinnen waren, hat **Hannes** in die Klasse gefragt: „Was glaubt ihr – **wer stand vorhin hier beim Fenster?**" Er ging dahin, wo ich gestanden hab. **„Und wer stand näher bei der Tür?"** Er stellte sich an die Stelle, an der vorher Patrick stand.

Das war voll lustig, wie jetzt alle geraten haben. Nur ganz wenige waren sich sicher, die meisten hatten keinen Plan, wer von uns **Patrick** war und wer **Mischa**.

„Und wer ist jetzt der **NORMALERE** von den beiden – **Mischa** oder **Patrick?**", wollte Hannes am Schluss wissen.

Da mussten alle lachen, sogar Frau Natter.

Die hat mir übrigens versprochen, dass sie nur noch **Arbeitsblätter** verwendet, die **für alle gleich** aussehen.

Bin gespannt, ob es klappt. **Aber falls es mal wieder Probleme gibt, kann ich ja auf Hannes zählen. Und auf Patrick und alle anderen.**

Name: Paul
Alter: 9 Jahre
Hobby: Tanzen

Der Katastrophen- Mittwoch

Mittwochmorgen, vor der Katastrophe

„Erzählt doch mal von euren Hobbies!", hat **der Sauer** uns neulich gefragt und GELÄCHELT. Das kommt bei unserem Mathelehrer ungefähr **einmal** im Jahr vor.

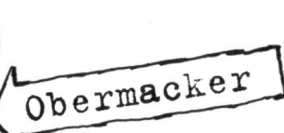

Obermacker

Herr Sauer

Keiner hat was gesagt. Nicht mal **Fritz**, obwohl der die **ganz große Klappe** hat und lauter Einser in Mathe schreibt.

FRITZ

68

Das war mir irgendwann zu **blöd**. Also hab ich
mich gemeldet und gesagt:

„Ich gehe dreimal die Woche tanzen."

Sofort hat Fritz sich die **Kapuze**
übergezogen und ist mit dem
Oberkörper vor und zurückgezuckt,
wie die Typen, die **Hip-Hop** tanzen.

**Das fanden alle
COOL und haben mir
zugenickt.**

„Echt? Das ist ja toll."
Auch **der Sauer** war beeindruckt.
Und während die anderen jetzt vom
Fußball, **Lesen** und von
Computerspielen redeten, hab
ich in mich hineingegrinst.

**Wenn die wüssten ...
Haha! Hoho!**

Ich gehe nämlich zum **BALLETT**. Und das machen ja vor allem

MÄDCHEN!

X Bei mir hat das schon ganz früh angefangen. Mama erzählt, ich konnte als Kleinkind schon tanzen, bevor ich überhaupt richtig laufen gelernt habe.

Und das erzähle ich jetzt wirklich nur hier:

Tanzen ist einfach ...

NICE

MEGA

Macht voll süchtig!!!

DER BURNER!

Manchmal beim Tanzen hebe ich ab und fliege!

Nach der Schule bin ich mit **Fritz**, **Luca**, **David** und **Noah** nach Hause gegangen. Wir haben ausgemacht, dass wir am Wochenende auf dem **Bolzplatz kicken**.

Zuhause gab's **Pfannkuchen**, mein **absolutes Lieblingsessen**.

Und dann hatte **Papa** noch die **Mega-Überraschung** für mich. Nach der 4. Klasse komme ich an eine ganz **tolle Schule**.

Lieber Paul, Glückwunsch! Wir nehmen dich im Herbst in unsere Tanzförderklasse auf.

Das musste ich natürlich sofort meiner **Ballettlehrerin** erzählen. **Flora** hat sich riesig für mich gefreut. Ich durfte vortanzen und was soll ich sagen ...

Ich bin abgegangen wie eine Rakete!

Nach dem Training wollte ich so schnell wie möglich nach Hause und mir den **Brief** noch mal durchlesen. Normalerweise ziehe ich mich um, **aber heute rannte ich sofort los** und ...

Wir haben uns die Köpfe gerieben, **Fritz und ich.** Dann hat Fritz auf meine engen **schwarzen Leggings** gezeigt und auf meinen **Dutt.**

Fritz hat mir hoch und heilig versprochen, dass er den anderen nix erzählt.

Dreimal darfst du raten, ob er sein Wort gehalten hat ...

Als ich am nächsten Morgen ins Klassenzimmer kam, hörte ich es von allen Seiten:

BALLETT-PÜPPCHEN!

Barbie!

Mädchen!

Los, zeig uns dein Tutu, Paul!

Warum hatte ich an diesem Tag bloß keinen Hoodie an?

Ein **Astronautenhelm** wäre noch besser gewesen. Dann hätte ich mich rauf zum Mond schießen können. Stattdessen bekam mein Gesicht die **Farbe von Obst und Gemüse**.

Am Freitag dann der gleiche Horror.

Natürlich bin ich am Samstag nicht zum Bolzplatz gegangen. Am Sonntag war ich ganz viel im Bett.

Und am Montag wusste ich, was ich zu tun hatte!

Ich hör auf mit Ballett.

Warum das denn?

Hab keine Lust mehr.

Stimmt das wirklich?

Äh ... nö.

Was ist passiert?

Okay, das war so ...

Flora war voll nett. Sie hat mir richtig lange zugehört und mich getröstet. Und jetzt kommt das Beste:

Sie will mit dem Sauer reden!

Mannomann, wenn das mal gutgeht

„Für heute haben wir genug gerechnet", hat **der Sauer** gesagt und schon wieder **GELÄCHELT**. Dann durften wir einen Film anschauen über Frauen in typischen Männerberufen und Männer in typischen Frauenberufen.

Nach dem Film hat **der Sauer** erzählt: „**Nurejew** war ein **Weltstar** und steht sogar im Buch der Rekorde."

„**krass!**", ist es Fritz herausgerutscht.

Ada Lovelace, Mathematikerin

Rudolf Nurejew, Balletttänzer

Sally Rice, Astronautin

Dann kam **der Sauer** zu mir. **„Ballett ist ein richtig anstrengender Sport, stimmt's, Paul?"** Ich hab genickt und vom Training erzählt. Und dass ich bald in die **Tanzförderklasse** komme.

Da waren alle ziemlich beeindruckt.

Fritz hat mir zugeflüstert: **„Ich war ein Vollidiot!** Tut mir leid. Wenn du später mal berühmt bist, kriege ich dann ein **Autogramm** von dir?"

„**Vielleicht**", hab ich zu ihm gesagt und in mich hineingegrinst.

volle Kanne KARATE

Warum kann nicht immer Sonntag sein?

„Ich bin dann mal weg", hab ich neulich zu Mama gesagt und bin raus in den Garten. Zwischen den Sträuchern hab ich ein **super Versteck**. Mein Lager ist voll **gemütlich** und **absolut sicher**.

Ich will jetzt niemandem **Angst** machen oder so, aber die Welt ist **voll gefährlich**. Manche Autos rasen **viel zu schnell**. Deshalb gehe ich **nicht mehr allein** zum Bäcker, sondern nur noch mit Papa. Und die Kletterspinne im Park könnte jederzeit **einstürzen**. Da klettere ich besser **nicht mehr** rauf.

Aber am **gefährlichsten** ist es in der **Schule**. Das weiß bloß **keiner**!

Eigentlich ist meine Klassenlehrerin richtig nett. Aber heute hat sie uns erzählt, dass es eine neue AG an der Schule gibt: **Karate.**

Frau Fröhlich ⟹

Liebt Schmuck

Lacht viel

„Wer will Karate lernen?", hat Frau Fröhlich uns gefragt. **„Ich!"**, haben ganz viele laut gerufen.

wenn die wüssten, was da auf sie zukommt!

Ich hab mich natürlich **nicht** gemeldet. Mama würde es **sowieso nicht** erlauben.

Karate ist viel zu **gefährlich!**

In der Pause haben erst alle über **KARATE** geredet.

X Dann hat Max mich gefragt, ob ich mit **ihm** und den anderen Fußball spielen will. Max ist nett, aber ich hatte **schon was anderes vor**.

Nach der Pause hat Frau Fröhlich ein Quiz mit uns gemacht. Wir sollten **superschnell lauter knifflige Fragen** beantworten. Das wäre der **perfekte Zeitpunkt** gewesen, **unsichtbar** zu sein.

Oder eine Spinne.

Plötzlich stand Frau Fröhlich vor meinem Tisch.

„Sag doch auch mal was, Elias. Du meldest dich gar nicht mehr in letzter Zeit."

Ich bin so was von erschrocken. Mein Gehirn war wie leergefegt, und ich hatte sofort die volle Aufmerksamkeit meiner Mitschüler.

[**Danach wollte ich bloß noch nach Hause.**]

Ich hab echt gar **nicht geheult**, aber **Mama** hat trotzdem gemerkt, dass es mir **nicht gut** ging.

„Willst du mir erzählen, was dich bedrückt?",

hat sie mich gefragt.

„Möchtest du vielleicht einen **Kakao**?"

Bei Kakao mit Sahne bin ich machtlos.

Und auf einmal **sprudelte es** aus mir nur so **heraus:**

HAB ANGST.

Alle starren mich an.

Will nichts sagen in der Klasse!

Trau mich nicht.

Bin immer allein!

Mama hat mich **umarmt** und mir ins Ohr geflüstert:

„Du bist nicht allein. Ich hab
dich lieb, mein Schatz "

Und dann hat sie
erzählt, dass ihr **manche
Dinge** auch richtig
schwerfallen.

MANNOMANN,

hat das gutgetan, so was zu hören!

Und dann hatte Mama eine verrückte Idee.

„Wir beide könnten doch jeden Tag
was ausprobieren, das uns schwerfällt.
Und hinterher denken wir uns eine
tolle Belohnung aus, wenn wir es
geschafft haben."

Ich war sofort dabei. Und mir ist auch
gleich was eingefallen, bei
dem ich zwei Fliegen mit einer Klappe
schlagen konnte.

ganz
alleine!

BELOHNUNG

Warum der Rest der Woche ziemlich gut war

In den nächsten Tagen haben Mama und ich unseren Plan durchgezogen. Ich muss sagen, wir waren beide krass mutig.

ELIAS

MAMA

Auch Papa war schwer beeindruckt. „Sag mal, Elias", hat er mich gefragt. **„Willst du dein Lager im Garten ausbauen?"** Was für eine Frage! Wir haben im Baumarkt **Bretter** gekauft. Das ganze Wochenende haben wir **gesägt** und **gehämmert**. Das hat voll Spaß gemacht, und am Sonntag stand zwischen den Sträuchern eine **supertolle Holzhütte**.

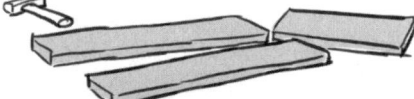

Als ich dann am Sonntag alleine in meiner neuen Hütte saß und es eigentlich voll gemütlich war, musste ich plötzlich an Max denken. Die Hütte ist nämlich so groß, dass locker zwei Leute reinpassen. Also bin ich ins Haus zu Mama gelaufen und ...

„Hallo Max, Elias hat eine Überraschung für dich."

Max kam tatsächlich gleich vorbei. **Er fand meine Hütte richtig cool.** Wir haben uns auf die Decke gesetzt und Kekse gefuttert. Danach haben wir **Einbrecher und Polizist** gespielt.

Max ist aufgesprungen und hat gebrüllt:

„Einbrecher vor der Hütte! Den schnappen wir uns!"

Das war ganz **großes Kino**, wie wir den **Einbrecher** fertiggemacht haben ...

Name: Elif
Alter: 10 Jahre
Hobby: Hip-Hop

Kein bisschen BESTE Freundin

Montagnachmittag, als ich noch voll happy war

„Ich hab dich sooo vermisst!", hat Alina gesagt, als sie nachmittags zu mir rüber kam.
„Ich dich auch", hab ich geantwortet und gegrinst. „Kein Wunder, wir haben uns ja auch **zwei Stunden** nicht gesehen."

*BEST FRIENDS FOREVER

Wir haben uns aufs Sofa gesetzt, Erdbeeren gefuttert, gelacht und endlos gequatscht. Ich bin so ein Glückspilz!

... weil es **Alina** gibt und wir uns so super gut verstehen. Wir werden auch noch **allerbeste Freundinne** sein, wenn wir so aussehen:

Irgendwann hat Alina auf die Uhr geguckt und ist aufgesprungen. „Wir müssen los! Sonst kommen wir zu spät zum Training."

Auch da sind Alina und ich uns 100 % einig.

Unsere Trainerin Mandy war ganz aufgeregt.
„Wir dürfen beim Stadtfest tanzen!"
Das wird so **COOL**. Ich kann es schon richtig vor mir sehen.

„Wir tanzen Cinderella als modernes **HIP-HOP-MÄRCHEN**", hat Mandy erzählt.
„Wer möchte die Hauptrolle haben?"
War natürlich klar, was **dann** passiert ist!

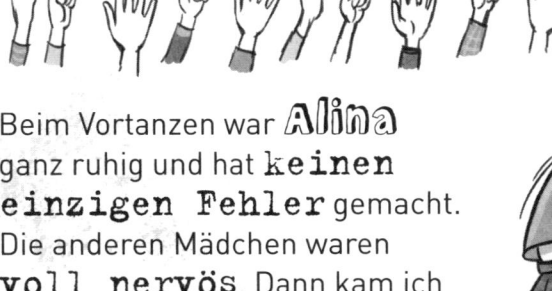

Beim Vortanzen war Alina ganz ruhig und hat keinen einzigen Fehler gemacht. Die anderen Mädchen waren voll nervös. Dann kam ich dran. Ich hatte null Lampenfieber und hab **ALLES** gegeben!

Dann hat Mandy verkündet:

**„Die Hauptrolle geht an ... ALINA!
Herzlichen Glückwunsch!"**

In meinem Kopf gab's Alarm.

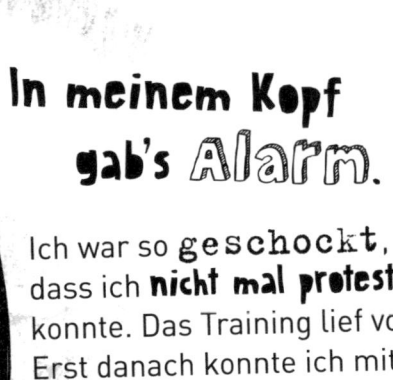

Irrtum!

Tatütata

Schock!

Gemein!

Ich war so geschockt, dass ich **nicht mal protestieren** konnte. Das Training lief voll an mir vorbei. Erst danach konnte ich mit Alina reden.

Das ist so ungerecht!

Freust du dich nicht für mich?

Doch, schon, aber ...

Was, aber?

Ich hätte die Rolle kriegen müssen!

Hä, wieso?

Ich war besser als du.

Das stimmt nicht.

Du bist doch meine BFF!

Ja, und?

Ich rede nie wieder mit dir!

Ich mit dir auch nicht!

Zu Hause konnte ich endlich alles **rauslassen.**

Ich war **wütend, traurig, megasauer.**
Und zwischendrin hab ich Alina total vermisst. Das war super verwirrend. Wie hatte das bloß passieren können? Wir waren doch **allerbeste Freundinnen** – für immer!

Früher

Forever

Jetzt

In der Schule haben Alina und ich tatsächlich **kein Wort** miteinander geredet. Das war **furchtbar!** In der kleinen Pause hat Alina **Einladungen** an alle Mädchen aus unserer Klasse verteilt.

Du bist herzlich eingeladen zu meiner Geburtstagsparty!

Als Alina zu unserem Tisch zurückkam, hatte sie **keine Karte** mehr. Ich konnte ihre Gedanken lesen.

Liebe Elif, du bist **NICHT** eingeladen zu meiner Geburtstagsparty!

Das Klassenzimmer hat sich immer schneller um mich gedreht. Der restliche Schultag war ein **Alptraum.**

Mittags wollte ich bloß noch

nach Hause

Es hat so gutgetan,
alles zu erzählen!
Mama hat mir zugehört
und mich getröstet.
**„Was könnten wir denn jetzt
tun?"**, hat sie mich gefragt.

Ich hatte sofort eine geniale Idee:

Alina sollte umziehen!
Am besten ganz weit weg.
Dann könnte ich
die Cinderella spielen.

Mama hat mir einen **Kuss** auf die Nase gegeben.

„Schatz, es ist ganz wichtig, dass ihr jetzt
in Ruhe miteinander redet und den Streit schnell
aus der Welt schafft."

Genauso gut hätte Mama mir
vorschlagen können, im
Badeanzug auf den **Mount
Everest** zu steigen!

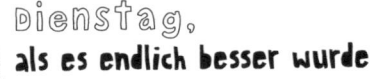

Dienstag,
als es endlich besser wurde

Mama hat mich dann doch noch überzeugt. Um fünf Uhr hat es an unserer Haustür geklingelt. Vor der Tür standen Alina und ihre Mutter.

„Bitte setzt euch an den Küchentisch", hat Mama gesagt. „Hier habt ihr einen Wecker. Erst darf **Elif** zehn Minuten erzählen, was sie **verletzt** hat. Alina hört zu. **Und danach ist Alina dran mit dem Erzählen und du hörst zu, Elif.** Wir sind nebenan, okay?"

Alina und ich haben genickt. **Die Wörter kamen total schnell aus mir heraus, wie bei den Hip-Hop-Songs.**

Sorry
nicht eingeladen
voll traurig
eifersüchtig auf dich

Bei **Alina** war es auch ganz viel auf einmal.

hatte ich verdient

nicht gefreut für mich

total wütend

ausladen war blöd

„Ich hab dich so vermisst!",

ist uns plötzlich beiden gleichzeitig rausgerutscht.

Ich war **SOOO FROH**, dass Alina das auch gesagt hatte! Es hat sich **mega gut** angefühlt, wie **Erdbeeren** PLUS **Vanilleeis** PLUS **Sahne!**

Dann ist mir was eingefallen:

„Hat Cinderella eigentlich eine beste Freundin?"

Alina hat kurz überlegt. „Ich glaub schon. Hey, wir fragen Mandy, ob du **meine beste Freundin** spielen darfst!"

Name: Finn
Alter: 9 Jahre
Hobby: Basketball

Böse Überraschung

Warum Basketball das Coolste auf der Welt ist:

1. Weil du in einer Mannschaft zusammen mit lauter anderen coolen Spielern trainierst. Ihr fahrt zusammen zu Turnieren und so.

2. Weil der Kootsch eigentlich immer cool ist, also der Trainer. Unserer heißt Andy. „Na, alles geschmeidig?", fragt der immer, wenn das Training losgeht.

3. Wenn im Sportunterricht Mannschaften aufgestellt werden, wirst du auf jeden Fall nicht als letzter gewählt. Denn wer Basketball trainiert, ist in der Schule auch gut in Sport. Logo!

4. Weil ihr vom Verein coole T-Shirts und Schweißbänder bekommt und so Sachen.

Also hey, Basketball ist auf jeden Fall extremst cool!

DIENSTAG ist doof, weil da nachmittags nie Training ist.

(gähn)

Laaaangeweile

Außer am letzten Dienstag.

Da ist etwas passiert, das war **DER HAMMER**

Also: In der Schule war noch alles normal. Habe neben Paul gesessen, wie immer. Alles korrekt.

`Paul = BFF (Best Friend forever)`

Zuhause waren Spaghetti im Kühlschrank. Weil Mama und Papa ja erst abends von der Arbeit kommen. Spaghetti = korrekt.

Dann hab ich gesehen, dass der **AB** vom Telefon **geblinkt** hat. Als ich draufgedrückt hab, war Papa drauf, also seine Stimme.

Papa hat gesagt:

Hallo Finn, heute Abend gibt es eine RIESIGE ÜBERRASCHUNG!

Danach hatte ich natürlich **keine Ruhe** mehr und hab die ganze Zeit über die

RIESIGE
ÜBERRASCHUNG
nachgedacht.

überraschung = super cooles Quad

überraschung = Skateboard mit Elektroantrieb

überraschung = Karten für ein Basketballendspiel in Amerika

EINTRITTSKARTE

NBA

Aber dann hab ich gedacht, dass es doch kein Hund sein kann, weil unsere Wohnung ja keinen Garten hat, und er immer im Haus bleiben müsste.

Und das finden Hunde doof.

Find ich nicht.

Jedenfalls musste ich den ganzen Nachmittag an die Überraschung denken.

Um halb 6 sind **Mama** und **Papa** endlich nach Hause gekommen.

Ich war schon ganz **kribbelig**, weil ich wissen wollte, **was los war**.

Mama hat die Arme in die Seiten gestemmt und die Neuigkeit verkündet: **„Ich habe den Job"**, hat sie gerufen!

✗ Ich wusste zuerst nicht, was sie meinte, aber dann fiel mir ein, dass Mama sich ja für eine andere Arbeit beworben hatte.

„COOL", sagte ich, aber dann fiel mir etwas **SCHRECKLICHES** ein

Mussten wir etwa umziehen?

In eine ANDERE Stadt?

Papa hat mich an den Schultern gefasst und **gegrinst**:

„Finn, wir ziehen in ein Haus mit Garten. Nach Neustadt."

Papa und Mama fanden das super mit der neuen Arbeit und dem Umzug – **aber ICH NICHT!**

Ich bin in mein Zimmer gerannt und hab die Tür hinter mir zugeschlagen.
„ICH WILL HIER NICHT WEG!", hab ich gebrüllt und mich auf mein Bett geworfen.
Neustadt? Wo sollte das denn sein?
Bestimmt am anderen Ende der Welt oder so. Da lebten bestimmt nur
TOTAL KOMISCHE LEUTE.

Plötzlich fiel mir
NOCH ETWAS SCHRECKLICHES ein:

In Neustadt müsste ich auf eine **neue Schule** und könnte **nicht mehr neben Paul** sitzen.

 Und ich könnte **nicht mehr im Basketball-Team** mitmachen!

Das ging ja gar nicht!!!!!!

Am nächsten Tag in der Schule hab ich **Paul**
den **ganzen Mist** erzählt, von dem **Umzug und so.**

Paul fand auch: **DAS GING JA GAR NICHT!**
Ich fühlte mich ein kleines bisschen besser, weil Paul
genauso dachte wie ich.

Aber was sollten
wir jetzt tun?
Wir brauchten:
EINEN PLAN.

In der ersten Pause hatte Paul **eine Idee,**
eine geniale Idee! Danach hatten wir Kunst
und da haben wir **aufgeschrieben,**
was wir dafür alles brauchten:

Brot

Trinkflasche

Zwei Decken

Gummibärchen

Dann haben wir unser **Geld** gezählt.
Wir hatten **mehr als vier Euro.**

**Jetzt fühlte ich mich
schon VIEL BESSER!**

Nach der Schule sind wir einkaufen gegangen und dann zu Paul nach Hause. Wir waren allein, weil seine Eltern arbeiten waren. Dort haben wir sofort mit dem **SUPER COOLEN PLAN** angefangen:

Im Flur von Paul kann man eine Treppe von der Decke ziehen. Da geht es in den Dachboden hoch.

Oben gab es:

* alte Teppiche
* einen kaputten Spiegel
* lauter Kisten
* SPINNEN   IIIIEEH!!!

Trotzdem war es cool hier.

Aus den **Teppichen** haben wir eine **Höhle** gebaut und die **Decken** reingelegt. In eine Ecke hab ich die **Gummibärchen** und die **Trinkflasche** gestellt.

MEIN VERSTECK!

Umziehen nach
Neustadt

Das können Mama und Papa knicken!

99

Paul ist dann wieder runter in die Wohnung und hat
die Leiter eingeklappt.

Es war nicht dunkel da oben, aber STILL.

 Vor Langeweile aß ich erst mal
die **Gummibärchen** auf.

Wenn ich wenigstens ein BUCH gehabt
hätte! **Papa** sagt, man muss immer
ein Buch dabei haben, weil man **nie weiß**,
was kommt.

Aber ich hatte **KEINS**.
Ich **hockte** da nur so herum.

Und hockte.

Und hockte.

Nach einer **EWIGKEIT** hörte ich ein Geräusch.
Jemand zog die **Klappe zum Dachboden** auf
und kam die Treppe herauf. Wollte Paul
mir neue Gummibärchen bringen?
Das wäre korrekt!

Aber es war **Andy**, unser **Kootsch**.
„**Hi Finn, alles geschmeidig?**", fragte er.

Unten warteten Papa und Mama mit den Eltern von Paul. Die hatten **alle zusammen** nach mir gesucht! Auch Andy, weil ich **nicht beim Training** war!

Papa klopfte mir auf die Schulter. „Komm mit", sagte er, „**Spritztour!**"

Ich riss die Augen auf. **Wohin** denn Spritztour? „Ist doch klar", sagte Papa, „nach **Neustadt**. Paul kann mit! Ist schon alles besprochen."

X Aber war das nicht total weit weg? Wie bis zum Mond oder so?

Papa schüttelte den Kopf. „**Eine Stunde Fahrt**", sagte er.

Also sind wir los. **Papa, Paul und ich.**

Nach Neustadt!

Die Leute in Neustadt sahen ganz **normal** aus.
Nicht wie **Schleimmonster**
oder so.

Paul fands **auch gut** hier.

Dann kams.

Wir gingen an einem hohen Zaun entlang.
„Hier! Gib ab! Wirf!", rief jemand.
Da war echt ein **Basketballfeld!**

Richtig cool.

„Spielt ihr **Basketball**?",
fragte ein Junge mit Wuschelhaaren.
„Jo", sagte ich.
Der mit den Wuschelhaaren
warf mir den Ball zu.
„Zeig!", sagte er.

Paul und **ich** liefen los.
Hin - her - titschen -
versenkt!

„**Cool**", sagte der Wuschelkopf.
„Ich sags **Nick**, dann könnt ihr in die Mannschaft."
„Nick?", fragte ich.
Der Wuschelkopf nickte. „Unser **Kootsch**.
Kommt aus **AMERIKA**".

Als wir zurück zum Auto gingen, war es fast so weit, dass ich mich **auf Neustadt freute!** Wenn nur Paul auch mitkommen könnte!

„Sind ja bald Herbstferien!", sagte Papa.
„Na und?", meinte ich.
„Da kann **Paul** uns besuchen. **Eine ganze Woche lang**", sagte Papa.
Paul grinste. **„Cool!"**, sagte er.

Im Auto drehte sich Papa zu uns um.
„Überleg dir noch einen **Namen**, Finn", sagte er.
„Wieso Namen?", fragte ich.
Papa grinste. „Hab ich das noch gar nicht gesagt?", fragte er. „Weil wir doch einen **Hund** bekommen, **deinen Hund,** Finn!"

Da hab ich mich so gefreut, dass mir am Anfang überhaupt kein Name eingefallen ist.
„Vielleicht können wir ihn **NOWITZKI** nennen", habe ich nur geflüstert.

Name: Chiara
Alter: 8 Jahre
Hobby: Turnen

Ein neuer ANFANG

(Freitag)

Es reicht! Mit Josefine und Ayla will ich NICHTS mehr zu tun haben!

Ich hab alles versucht, damit sie mich wieder mögen! Voll peinlich, ich hab mich sogar extra so angezogen wie sie. Als ob das was mit Freundschaft zu tun hätte! Aber damit ist jetzt SCHLUSS. Die beiden können mir für IMMER UND EWIG gestohlen bleiben!!! Und wenn sie was Blödes zu mir sagen, hör ich einfach nicht mehr hin.

Nur für den Fall, dass ich irgendwann mal SCHWACH werde und es mir anders überlegen will:

Erinnerung für schwache Momente!!!

⊚ Von Ayla und Josefine lass ich mich nicht mehr ärgern, **NIE WIEDER!**

⊚ Ich geh ihnen so weit wie möglich aus dem Weg! **FÜR IMMER!**

⊚ Fiese Bemerkungen prallen wie Flummis von mir ab. **ICH HÖR EINFACH NICHT HIN!**

Dabei weiß ich nicht mal, warum sie mich so mies behandeln.

Früher waren wir
UNZERTRENNLICH.

Aber jetzt ...

Heute hab ich das **LETZTE MAL** versucht, bei ihnen mitzumachen. Als *Ayla* und *Josi* am Spielplatz **Blütenkränze** aufgefädelt haben, hab ich auch ein paar *Blümchen* gepflückt.

Da hat Josefine mich voll angeblafft und Ayla hat dazu **fies gegrinst.**

X Boah, wie kann man nur so gemein sein**?**

Aber damit ist es jetzt **VORBEI!**
Ich werde Ayla und Josi **NIE WIEDER** nachlaufen.

(Sonntag)

Meine **Nonna** hat mir mal was Gruseliges erzählt – nämlich dass Babys **STERBEN**, wenn sie keine Zuneigung bekommen! Und **Nonna** (das ist meine Oma in Italien) erzählt keinen **QUATSCH**, die ist nämlich sehr alt und weise!

An die armen Babys musste ich vorhin denken, als ich Josi und Ayla im Hof beobachtet hab. Von unserer Küche aus kann man auf den Spielplatz gucken. Tut echt weh, die beiden spielen zu sehen. Gut, dass ich kein Baby mehr bin. Vielleicht müsste ich sonst vor Kummer sterben?!

Noch leb ich jedenfalls. Sonst müsste ich nicht ständig das **nervtötende Polizeiauto** von **Emilio** hören! Obwohl, mit der Sirene könnte man auch **TOTE** aufwecken ...

Irgendwann hat's mir gereicht und ich hab ihm das Auto weggenommen.

Oha, gegen das Gebrüll meines kleinen Bruders ist ein LÖWE leise!

Zack, war Mama zur Stelle und hat dem „**armen Kleinen**" sein Spielzeug wiedergegeben.

Chiara, lass ihm doch seinen Spaß!

Überhaupt Mama und Papa:
So ungefähr **10 x am Tag** fragen sie, was mit mir los ist.
Voll nervig.

Ich beim **1.** Mal:

„Nix ist los, alles in Ordnung."

Beim **5.** Mal:

„Könnt ihr mich bitte IN RUHE lassen?"

Und beim **10.** Mal:

Bitte NICHT STÖREN!

(Mittwoch)

Schon wieder Ärger! Ich weiß auch nicht, wieso Emilio mir so auf die Nerven geht. Heute hat er vor der Klotür gespielt, als ich dringend mal musste.

Ich: „Kann ich bitte vorbei?"

Er: „Emilio ist Roboter! Du musst den richtigen Knopf finden."

[
Das spielt er gerne. Man muss dann auf seine Nase drücken, an den Ohrläppchen ziehen, auf die Stirn tippen und so weiter, bis man die richtige Stelle gefunden hat.
]

Aber ich hatte **KEINEN BOCK** auf den Unsinn! Also hab ich ihn einfach zur Seite geschoben, und dabei ist er **hingefallen.**

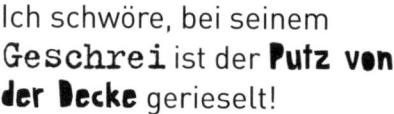

Ich schwöre, bei seinem **Geschrei** ist der **Putz von der Decke** gerieselt!

UAAAHHHHHHHH!

Eher Abrissbirne als Roboter!

Klar, dass Mama wie eine **RAKETE** angeschossen kam! Ich hab mich schnell **aufs Klo** verdrückt.

Später kam sie in mein Zimmer und hat mich *auf den Schoß* genommen.

Es war bestimmt das **1000ste Mal**, dass sie gefragt hat, was mir fehlt. Und plötzlich musste ich **SCHRECKLICH** weinen!

Wie viele Tränen hat ein Mensch eigentlich?

Als ich wieder reden konnte, hab ich endlich **ALLES** erzählt. Dass Ayla und Josefine mich **nicht mehr** mitspielen lassen und dass ich deswegen nicht rausgehe und dass ich mich **voll schlecht** fühle, weil ich so **gemein** zu **Emilio** bin.

[Dass ich demnächst vor Kummer STERBEN könnte, hab ich lieber für mich behalten.]

Mama hat die ganze Zeit meinen Rücken gestreichelt und einfach nur zugehört.

Danach hab ich mich schon **VIEL BESSER** gefühlt. Bin erst mal zu Emilio, hab mich bei ihm entschuldigt und mit ihm Roboter gespielt.

Gibt's auch 'nen Schalter für gute Laune?

(Donnerstag)

Ich hab's getan! Mama hat vorgeschlagen, dass ich mich mal wieder mit **Luise** treffen soll. Die kenn ich schon seit der **1. Klasse**, aber wir haben **EWIG** nichts mehr miteinander gemacht.

[Ich hab echt Schiss gehabt, als ich sie gefragt hab.]

Und wenn sie **NEIN** sagt?

Aber ich glaub, Luise hat sich **echt gefreut!** Sie wohnt nur ein paar Straßen weiter, heute gehen wir auf den **Spielplatz** bei ihrem Haus.

(Dienstag)

Jippie, die Pausen sind wieder richtig cool!

Luise turnt auch total gern an den Stangen im Schulhof. Gestern sind noch **Elin**, **Sina** und **Farah** dazugekommen. Wir trainieren Überschlag, das macht **voll Spaß.**

Und seit ich nicht mehr so allein bin, find ich auch Emilio nicht mehr so nervig. Jedenfalls meistens ...

(Freitag)

Elin hat heute ihre **Geburtstagseinladungen** verteilt. *Hihi*, **Ayla** und **Josefine** sind fast die **AUGEN** rausgefallen!

> Ich hab eine Einladung bekommen.
> **Luise**, **Farah** und **Sina** auch.

Und Josefine und Ayla? Die sind **LEER** ausgegangen, aber das ist mir egal. Oder um es mit meiner **Nonna** zu sagen:

Denk nicht an gestern, sondern an morgen!

Name: Emma
Alter: 10 Jahre
Hobby: Leichtathletik

EMMA ganz stark

Das war heute der **VOLL GRAUENHAFTE TAG!**

Und gestern auch.

Zwei
MONSTERTAGE!

Alles hatte eigentlich so gut angefangen. Gestern Nachmittag ist Papa mit mir zur LEICHTATHLETIK-STADTMEISTERSCHAFT gefahren.

Ich habe mich super gefühlt.

Aber dann ist mir beim Staffellauf echt der Stab aus der Hand gefallen! **Voll bescheuert!!!** Dabei bin **ich** sonst die Beste im Sprint.

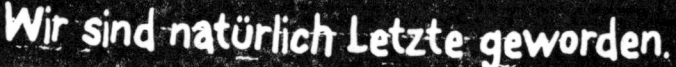

Wir sind natürlich Letzte geworden.

ICH WAR TOTAL GEKNICKT!

Und Luisa, die **blöde Kuh**, hat noch voll rumgemeckert. **„Nur wegen dir!"**

Dabei ist DIE eigentlich total langsam!

Heute hat uns Herr Schmidt die Mathearbeit wiedergegeben. Der hat so **komisch geguckt**, als er mir das Heft hingelegt hat.

Eigentlich bin ich **echt gut** in **Mathe**. Ist mein Lieblingsfach! Nach Sport.

Aber diesmal stand was
TOTAL SCHRECKLICHES
drunter.

Mir ist ganz schlecht geworden.
Ne Vier hatte ich noch nie!
Nur wegen dieser blöden Geteilt-Aufgaben!

DIE WAREN ALLE
FALSCH!

Dabei war ich mir **total sicher** gewesen, dass die stimmten, weil die meisten Aufgaben **ohne Rest** aufgingen.

$$1452 : 6 = 872$$

```
1 4 5 2 : 6 = 8 7 2
  4 8
  4 4
  4 2
  1 2
  1 2
      0
```

Lösungsweg falsch. Leider nur ausreichend. Bitte mehr üben.

Zu Hause saß Mama mit **Lucas** und **Lenny** am Küchentisch. Das sind meine kleinen Brüder, **eineiige Zwillinge!**

Erster!

Nein, ich!

Die beiden malten an Bildern herum. **Mit meinen Wachsmalstiften!** Aber das war mir in dem Moment egal. Lucas und Lenny sind außerdem ganz süß.

Ich hab **Mama** von **Mathe** erzählt. **„Alles ist mega doof"**, hab ich gerufen, und ich musste echt ein bisschen heulen. Lucas und Lenny haben mich ganz groß angeguckt, und ich bin in mein Zimmer gerannt.

Da hörte ich **Papas Motorrad** im Hof. Kurz darauf guckte Papa in mein Zimmer.
„Alles Mist?", fragte er.
„Mathe und so?"
Ich nickte.

„Das ist von Lenny und Lucas", sagte Papa und legte mir
ein Bild aufs Bett.
Ich war **zwar sauer**, wegen Mathe und dem Wettkampf
und allem, aber
das Bild war *total toll!*

Lucas kam in mein Zimmer. Er zeigte mit seinen
Patschhänden auf das Bild: **„Das bist du. Du bist gar
nicht mehr traurig, weil du fliegen kannst!",**
hat er mir erklärt.

*Das war echt so lieb
von meinen Brüderchen!*

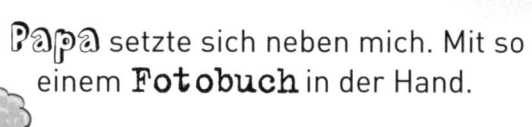

Papa setzte sich neben mich. Mit so einem **Fotobuch** in der Hand.

„Hab ich dir schon mal erzählt, wie ich bei der **Deutschen Motocross Meisterschaft** mitmachen wollte?"

[Ich setzte mich auf.]

„**Und? Hast du?**"

„Ich hab die Quali **nicht geschafft.** Ich war beim letzten Auswahlrennen **zu aufgeregt** und hab die Maschine beim Start **abgewürgt.**"

[Papa war aufgeregt gewesen? Der war doch sonst immer so cool! Bestimmt war er das schon als Baby.]

Papa zuckte mit den Schultern.

„**Es kann nicht immer alles klappen**", sagte er und zwinkerte mir zu.

Papa blätterte in dem Fotobuch.
„Ist das von der Motocross Meisterschaft?", wollte ich
wissen.

„Nein, von **deinem Geburtstag** letztes Jahr.
Wo ihr euch geschminkt habt. Selina, Aylin, Luka und du."
„Und Merle", sagte ich.
Papa nickte.

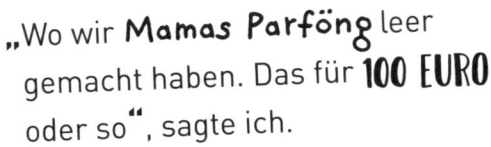
Der Geburtstag war sooo cool gewesen.

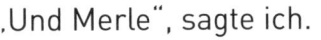
„Wo wir **Mamas Parföng** leer
gemacht haben. Das für **100 EURO**
oder so", sagte ich.

„**wirklich?**", fragte Papa lachend.

Ich überlegte. In letzter Zeit sah ich **meine
Freundinnen** nur in der Schule. Weil ich
nachmittags **so viel Training** hatte.

Voll schade eigentlich!

Papa zeigte auf ein anderes Bild.
„Das war bei der **Mathe-Olympiade**.
Als du die Urkunde bekommen
hast!"

URKUNDE
1. Platz
Emma
MATHE-
OLYMPIADE

„**Du trainierst jetzt dreimal die Woche,
Montag, Mittwoch und Freitag, richtig?**",
fragte Papa.

Ich nickte.

Krass, das war echt viel!

„Was hältst du davon, wenn du nur noch
zweimal die Woche zum Training gehst? Das
ist immer noch intensiv", sagte Papa.

Ich überlegte. Dann hätt ich **mehr Zeit**
für meine Freundinnen.

„Hey, Selina, Aylin, Luka, Merle: Ich komme!"

Und für die Schule könnte ich dann
auch mal wieder richtig lernen.

„Vielleicht kannst du in den **Sommerferien** mit zum **Trainingscamp** vom Verein fahren", schlug Papa vor.

X **Das wäre natürlich SUPER!**
Viel besser als das Training am Freitag.

„Luisa, du blöde **Meckerziege.** Zieh dich warm an!"

„Aber was ist mit **Mathe?** Mit den Geteilt-Aufgaben?", fragte ich.
„Mama ist doch gut in Mathe. Ihr **übt** das am Wochenende, okay?", meinte Papa.

Er grinste und zeigte auf die **Zeichnung** von Lucas und Lenny, auf der ich fliege.

„**Für deine Brüder** bist du auf jeden Fall eine Superheldin, die alles schaffen kann!"

Name: Pepe
Alter: 8 Jahre
Hobby: Tiere

Der glücklichste
HAMSTER
DER WELT

Dobbie war mein Hamster und jetzt ist er fort!

Das ist so gekommen:

Morgens bin ich immer aufgewacht, weil Dobbie in seinem Hamsterrad gelaufen ist.

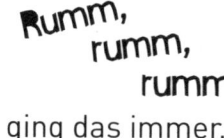

Rumm, rumm, rumm
ging das immer.

Ich hab im Bett erst mal ein bisschen zugehört, wie Dobbie im Rad lief. Das hörte sich *schön* an. Dann bin ich aufgestanden und hab ihm sein Futter gegeben. **Sonnenblumenkerne, Möhren und Petersilie** mochte er so gerne wie ich Eis und Schokolade.

**Nur gestern Morgen war alles still.
Kein Hamsterradgeräusch.**

Luis – mein großer Bruder – ist ins Zimmer gekommen.

„Aufstehen, du Schlafmütze", hat er mir zugerufen.

Luis kam jeden Morgen rein und gab Dobbie ein paar Apfelstücke. Das fand ich so naja, Dobbie war ja schließlich mein Hamster. Aber an diesem Morgen ist Luis plötzlich ganz schnell rausgerannt.

„MAMA! PAPAAA!", hat er gerufen.

Mama kam angelaufen und hat in Dobbies Käfig geguckt. Dann hat sie sich auf mein Bett gesetzt und mich in den Arm genommen.

„Komm mal her, mein Großer", hat sie gesagt.

Da war mir klar, dass was nicht stimmte. Mama nannte mich sonst nie ihren

„GROßEN".

Dobbie war tot!

In meinem Kopf sah es so aus:

Ich musste nicht in die Schule, weil ich so **fraurig** war.

Mama hat Luis in die Schule gefahren und ist ins Büro gegangen. Papa arbeitet von zu Hause aus. „**Das ist total traurig mit Dobbie**", hat er gesagt und war auch ganz geknickt.

„**Wird Dobbie wieder wach?**", hab ich gefragt. Aber eigentlich wusste ich schon, dass das nicht ging. Papa hat nur vor sich hingeguckt. „Nein, Pepe", hat er gesagt.

Am Nachmittag kam Luis aus der Schule.
„Sörens Hund ist auch gestorben. Vor den Osterferien",
erzählte er.

Ich musste sofort **wieder** heulen. Nicht wegen
Sörens Hund. Sondern natürlich **wegen Dobbie!**
Papa hat mit Sörens Eltern telefoniert und wir sind
mit dem Auto hingefahren.

groß

cool

stark

Ich wollte erst nicht.
„Doch, komm schon!", sagte
Luis. Also bin ich mit.
Sören ist Luis bester Freund
und auch schon in der 6. Klasse.
Und er ist voll gut im Schwimmen.
Mama sagt immer, Sören ist
wie ein Fisch im Wasser.

Wahrscheinlich
ein Fisch

Sören hatte ein Fotobuch mit Bildern von Joker. **JOKER!** So hieß sein Hund. **Echt voll der coole Name!**

Auf der ersten Seite war ein Foto von Joker und Sören. „Das war als ich 6 geworden bin. Wir sind ins Tierheim gefahren und ich durfte mir einen Hund aussuchen. **Das war echt der beste Geburtstag aller Zeiten!**", erzählte Sören.

Ein Fotobuch von Dobbie hatte ich nicht. Aber auf Papas Handy waren viele Fotos von Dobbie drauf. Sören guckte die Fotos genau an.

Das war auf den Fotos zu sehen:

Wie ich einmal den Käfig nicht richtig zugemacht hatte, und wir Dobbie dann überall im Haus gesucht haben. Am Ende fand ihn Mama in einem Pullover von Luis. Er war eingeschlafen. Das sah so witzig aus!

Wie er sein neues Laufrad bekommen hatte und wie ein Verrückter stundenlang darin rumlief.

Wie er an einer riesigen Möhre herumknabberte.

„Hey, der sieht echt aus wie der **glücklichste Hamster der Welt**", sagte Sören. „Auf jeden Fall!" rief ich. Plötzlich war ich ein klitzekleines bisschen **weniger traurig**.

Zum Abendbrot sind wir wieder nach Hause gefahren.
Mama kam gerade aus dem Büro.

Papa hat hinten in unserem Garten
ein **tiefes Loch** gegraben.
Da haben wir **Dobbie** reingelegt,
aber nicht einfach so, sondern in
einem **kleinen Karton**.

Jeder von uns hat etwas dazugelegt:

- Mama das bunte Tuch, mit dem wir im Sommer den Käfig abgedeckt haben

- Luis ein paar Apfelstücke

- Papa eine Handvoll von Dobbies Lieblingskörnern

- Ich eine dicke Möhre

Papa hat das
Loch zugegraben
und ich war so
traurig, dass ich
wieder **weinen**
musste.
Luis auch.

Weils so warm war, meinte Mama, dass wir noch die Fahrräder nehmen und zum See fahren könnten. Das haben wir dann auch gemacht. **Mama, Papa, Luis** und **ich.**

„Wisst ihr was? Am Wochenende machen wir eine ganz lange Fahrradtour", meinte Papa auf dem Heimweg.

„Super cool", sagten Luis und ich gleichzeitig. Da mussten wir alle lachen.

Es war schon fast ganz dunkel, als wir zu Hause ankamen. Ich hatte beim Schwimmen gar nicht an Dobbie gedacht. **„Tschüss Dobbie"**, hab ich beim Reingehen ins Haus gesagt. Ich war immer noch total traurig, aber weniger als vorher.

Und ich freute mich auf unsere Tour am Wochenende.

P.S.: Ein paar Tage später hatten Mama und Papa ein Geschenk für mich. Ein dickes Fotobuch mit Bildern von Dobbie! Vorne drauf stand:

Der glücklichste Hamster der Welt

Name: Tarek
Alter: 9 Jahre
Hobby: Fußball

„EINLADUNG"
auf
ARABISCH

In **Syrien** ist es ziemlich anders als hier in Deutschland.

- mehr Sonne
- mehr Sand
- weniger Wald
- schärferes Essen
- und natürlich: **KRIEG**

Papa ist weggegangen, weil manche Leute in Syrien böse sind und ihm was tun wollten.

[Er ist nach Deutschland, weil er da auch studiert hat.]

Erst haben wir ganz lange nichts von Papa gehört. Aber dann hat er sich endlich gemeldet und wir konnten nach Deutschland nachkommen.

Mama hat *geweint*, weil sie sich so *gefreut* hat. Und weil sie so *traurig* war, dass wir von zu Hause weg-gehen mussten.

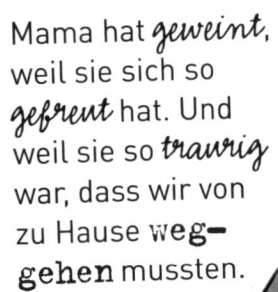

Wir sind am Ende des Sommers in Deutschland angekommen.

ES WAR SO SCHÖN, PAPA WIEDERZUSEHEN!!!

Papa hatte Schulranzen für uns besorgt. Für Jasina und mich.

Jasina = meine kleine Schwester

Mein Ranzen war cool. Mit Haifischen drauf.

Und Jasinas war mit Sternen.

Jasina kam in die **1. Klasse**. Da sind alle in der Schule neu und Jasina freute sich richtig.

Ich musste in die **3. Klasse**. Ich hab mich **NULL** gefreut. Weil sich da alle schon kennen. Und ich kannte **KEINEN!**

Am ersten Schultag haben mich alle **TOTAL** angestarrt.
Und geflüstert. Ich war **DER NEUE**. Mein Tischnachbar
hieß Ben. Der hat mich so komisch angeguckt.

Und seine Freunde **Fred**, **Leon**, **Nico** und **Simon** auch.

Außerdem hatte ich ein

RIESIGES PROBLEM

Ich konnte natürlich **kein Deutsch!**

Nur ein ganz kleines bisschen:

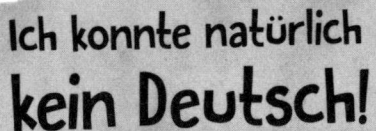

„Hallo, isch haise Tarek."

Lesen konnte ich **GAR NIX**.
So schreiben wir nämlich in Syrien:

الكلاب غالبا ما تكون لطيفة

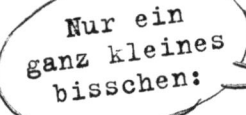

Das heißt: „Hunde sind oft lieb."

Schon krass anders!

DEUTSCH IST ECHT HAMMER SCHWER

Beispiel: **Der Teller? Die Teller? Das Teller?**

Hä, ein Teller ist doch eine Sache, **oder?**

Also „**das Teller**"?

Das kapierst du echt **nicht.**

Okay, nachmittags hatte ich immer noch einen Sprachkurs. Trotzdem verstand ich in der Schule oft **NIX**.

Schule war TOTAL DOOF!

Dann haben wir im Unterricht so ein Spiel gemacht. Jeder sollte aufmalen, was er gerne mag.

Alle in der Klasse dachten bestimmt, dass ich ein **Kamel** (Kamehl???) oder **Palmen** oder so male. **Quatsch!** Ich hab natürlich einen **Fußball** gemalt.

Mein Bild

Weil in Damaskus war ich der **Beste** im Tor. Naja, der Beste aus unserer Klasse, nicht von ganz Damaskus.

Als ich den Ball gemalt hab, hat BEN wieder so komisch rüber geguckt.

Dann sollten wir alle unsere Bilder an eine Wand hängen. Und hey, Ben hatte **auch** einen **Ball** gemalt! Und Fred **auch**. Die haben mich angegrinst.

⇧ Ben   ⇧ Fred   ⇧ ich

In der Pause hat Ben **gefragt**, ob ich mit Fußballspielen wollte.

     „Jaja, serr kull!", hab ich gesagt.

Ich hab aufs Tor gezeigt. Ben hat sofort verstanden, dass ich **Torwart** bin.

Ich kam ins Tor und hab dann echt den **Elfer** von Nico gehalten!

Gestern hat Ben mir einen Brief gegeben.
Da stand auf dem Umschlag:

استدعا لعيد ميلاد

Auf Arabisch! Echt. Mit Bens Krakelschrift. Voll krass.
Das heißt: „**Einladung zum Geburtstag**".
Da habe ich mich natürlich **VOLL GEFREUT!**

Wenn ich Geburtstag hab, **lade** ich Ben auch **ein**.
Und die anderen. *Logo.*

Auf **Bens Karte** schreib ich dann „استدعا لعيد ميلاد".
Weil der kann ja jetzt ein bisschen Arabisch.
Bei den anderen schreib ich natürlich
„Einladung". Weil **mein Deutsch** ja
immer **besser** wird, auch Lesen
und Schreiben.

P.S: Aber hey, ist schon komisch,
warum schreibt man nicht
„Einlahdung?" Klingt doch
voll so.

Name: Maja
Alter: 8 Jahre
Hobby: Fernsehen

Keine CHANCE für Schleim-Monster

Was alles in meinen Alpträumen vorkommt:

- schwarze Hunde mit glühenden Augen
- Einbrecher, die mir was tun wollen
- Skelette

Aber am schlimmsten sind die **Schleimmonster**. Die haben grüne Haut und aus dem Mund tropft ihnen so ein Zeug raus. Natürlich haben sie **TOTAL SCHARFE ZÄHNE**.

Alpträume hab ich fast immer. Nachts, wenn ich schlafe. Dann kommt so ein Schleimmonster **hinter mir her**, und ich lauf weg. Ich renn so schnell ich kann, aber ich komm nicht von der Stelle. Und das Monster ist direkt hinter mir.

> **„NEEEIN! Es darf mich nicht kriegen!"**

Irgendwann wecken Mama oder Papa mich, weil ich so **laut geschrien** hab. Dann darf ich zu ihnen rüberkommen und in *ihrem Bett* schlafen. Da hab ich **keine** Alpträume.

Letzte Woche war es **TOTAL SCHLIMM.**
Da hatte ich einmal so **Alpträume**, dass ich danach
nicht mehr eingeschlafen konnte.
Und in der Schule war ich VOLL MÜDE!

Frau Sommer (= meine Lehrerin)
hat deshalb Mama angerufen.

Danach gab es richtig Streit. Erst maulte Maxi, dass er
auch mal bei Mama und Papa schlafen wollte.

Maxi = mein kleiner Bruder, 5 Jahre alt

„**Immer darfst du bei Mama und
Papa schlafen!**", schimpfte er.

Und dann meinte Papa, dass ich
die Alpträume hab, weil ich
zu viel Fernsehen gucke.
„**Damit ist jetzt Schluss!**",
hat er gerufen.

Also, eigentlich ist das so:

Weil **Maxi** sowas mit seiner Haut hat, cremt Mama ihn jeden Abend vorm Schlafen ein. **Das dauert eeeeewig!**

Und **Papa** kommt erst **ganz spät** von der Arbeit. Ich weiß dann nie, was ich nach dem Abendessen machen soll. Ich geh dann runter in Papas Arbeitszimmer und mach den **Fernseher** an.

Da laufen viele Serien

mit Vampiren, die aus Särgen kommen

mit Polizisten und Einbrechern

mit Rittern und Drachen

Irgendwann ruft Mama: **„Zähneputzen!"** Dann muss ich ins Bett. Und da lieg ich dann rum und hab **Angst**, dass ich gleich wieder **Alpträume** krieg.

„Heute Nacht schlaf ich gar nicht!", nehm ich mir manchmal vor.

Aber das klappt nie.

Als ich am Montag nach dem Abendbrot runter ins Büro bin, war **echt der Fernseher weg!**

„Hey, was ist denn hier passiert?"

Stattdessen saß da in der Ecke ein **Koalabär**. Kein echter natürlich, sondern ein Stofftier-Koala. Der war richtig groß!

Und totaaaaaal süß!

Das ist nämlich so: Koala = Lieblingstier

„Der sitzt ab jetzt an deinem Bett und passt auf, dass die blöden Träume nicht kommen", sagte Mama.

Ich hab den Koala **Sammie** genannt.

Ich hab Sammie sofort mein Zimmer gezeigt.
Er fand es gut da, glaub ich.

Nach dem Zähneputzen hat Mama sich an mein Bett gesetzt.
„Erzähl Sammie und mir doch mal, was heute alles richtig gut war!", sagte sie.

Sammie hat auch ganz gespannt geguckt.

Erst fiel mir nichts ein, aber dann doch:

- ◎ Dass Linda aus meiner Klasse Muffins mitgebracht hatte.
- ◎ Dass wir in Sachkunde ein Bild von einem Vulkan gemalt haben.
- ◎ Dass Frau Sommer meine schöne Schrift gelobt hat.

Aber das Beste war natürlich:
Sammie!

Danach hat **Papa** gesagt, dass er ab jetzt **früher** von der Arbeit kommt. Dann spielen wir noch was, bevor ich ins Bett muss. **Das finde ich super toll!!!**

Dann hat Papa mir vorgelesen. Von den **Kindern aus Bullerbü**. Das ist in Schweden.

Das Mädchen, um das es ging, hatte **Geburtstag**. Zuerst dachte sie, sie bekäme nichts geschenkt. Aber dann kriegte sie doch was. Ein neues Zimmer, **ganz für sich allein!** Ihr Papa hatte Möbel für das Zimmer gebaut und ihre Mama Vorhänge und Teppiche gemacht.

Ich guckte mich in meinem Zimmer um.
Das war auch sehr schön!
Sammie *fand das auch, glaub ich.*

Papa kann ziemlich gut vorlesen. So, dass man sich alles richtig gut vorstellen kann. Dann bin ich **einfach so** beim Vorlesen eingeschlafen.

Nachts bin ich plötzlich aufgewacht, aber nur so. Nicht wegen einem Alptraum.

Aber im Zimmer war es **TOTAL DUNKEL** und ich fing schon an, richtig Angst zu haben.

Aber dann hab ich **Sammies dicke, weiche Pfote** neben meinem Kopfkissen gespürt.

[Ich hatte gar nicht gemerkt, dass er eine **SO WEICHE** Pfote hatte.]

Ich hab mich an **Sammie** gekuschelt. Und dann bin ich **wieder eingeschlafen.**

Am nächsten Tag hab ich Mama gefragt, ob ich jetzt **nie wieder** Alpträume haben würde.

Mama überlegte.
„Vielleicht manchmal doch, Liebes! Aber dann nimmst du einfach Sammie und ihr kommt rüber zu uns",
hat sie gesagt.

Ich hab Sammie angeguckt und er hat zurückgeguckt.
„Ach, wir kommen schon klar, Sammie und ich",
hab ich zu Mama gesagt.

Und das glaub ich echt.
Jetzt kann Maxi auch mal bei Mama und Papa schlafen!

Am Ende wird alles gut.
Und wenn es noch nicht gut ist,
dann ist es noch nicht das Ende.